J'AI TRAVERSÉ LA MALADIE
PARTAGER AVEC LE CHRIST

PIERRE RENAUDIN

J'AI TRAVERSÉ LA MALADIE

Préface par
† MGR MARC STENGER

Suivi de

PARTAGER AVEC LE CHRIST

Préface par
YVES DUTEIL

Épiphanie

LES ÉDITIONS DU CERF
www.editionsducerf.fr
PARIS

2013

Imprimé en France

www.editionsducerf.fr
(24, rue des Tanneries
75013 Paris)

ISBN 978-2-204-10092-2
ISSN 0750-1862

Je dédie ce livre à celui ou celle que je ne connaîtrai jamais, mais qui pourra, en lisant ces quelques pages, découvrir une source de paix offerte par la certitude que le Christ habite en chacun de nous. Seigneur, que ta volonté soit une fête sur cette terre !

J'AI TRAVERSÉ LA MALADIE

PRÉFACE

Voilà un livre qui a commencé d'être écrit bien avant que l'auteur n'ait décidé de prendre la plume et de « noter » tout ce qui lui arrivait, à dater du moment où un scanner venait de lui révéler « une tumeur au foie ».

La décision d'écrire, née de l'irruption d'une épreuve inattendue dans sa vie, était certes un acte de résistance, le fruit d'une volonté de ne pas laisser le champ libre à l'inéluctable. Mais cette démarche se préparait de longue date. Ce qui l'a inspirée et l'a rendue possible, ce sont toutes les étapes antérieures d'une vie habitée et marquée par le Christ, structurée et sans cesse éclairée par sa présence intérieure. Ce sont elles qui ont conduit l'auteur au grand rendez-vous de la confiance, à l'heure où tout dans sa vie se faisait, une fois de plus, fragile et incertain. Ce sont elles qui ont permis que la nouvelle épreuve qui l'atteignait ne devienne pas le temps des blessures et des fractures irréversibles, mais soit le lieu-source de la relecture de sa propre vie, de la reconnaissance de cette trace qui la traverse de bout en bout et met tout dans une même cohérence, les heures de lumière comme les heures de ténèbres qui la constituent.

Si ces pages traitent de la maladie et ont été motivées par elle, elles ne traitent pas que de cela, et elles en traitent avec justesse, naturel et sérénité, à hauteur spirituelle, puisque l'homme qui témoigne a été mis dans cette circonstance en présence de Celui qui donne sa vraie dimension à l'existence humaine. Il y a, dans ces pages, un singulier paradoxe. C'est le coup de semonce de la maladie qui fraie le chemin d'une expérience radicale de retour sur soi-même ; mais sans l'épreuve de la tumeur constatée, y aurait-il eu relecture, redécouverte de la présence tonifiante et purificatrice du Christ au cœur de toute une vie et réappréciation de tous les protagonistes de l'aventure spirituelle que fut cette vie dans toutes ses péripéties ? À l'inverse comment reconnaître dans cette ultime épreuve d'une existence tourmentée un appel de la vie, si le Vivant n'était pas déjà à l'œuvre au plus profond de la personne ? Seule sa présence et ce qu'elle a pu créer de l'intérieur rendaient possible le sursaut de celui à qui l'on annonçait, après des années de lutte, l'éventualité d'une issue fatale, et surtout un sursaut de cette nature. Nous sommes en effet témoins d'une réaction qui ne rejette pas et ne gomme pas l'horreur de la maladie, la difficulté qu'il y a à l'accepter, l'angoisse qu'elle suscite, la révolte à laquelle elle porte, une réaction qui ne cherche pas à oublier les limites de la chair derrière les gratifications de l'âme, mais qui énumère avec réalisme et tranquillité, à côté des moments de bonheur, le cortège des ennuis qui n'ont pas manqué dans une existence bien remplie. Et s'il est question d'épreuves physiques à répétition et de leurs effets sur le moral, on n'est jamais dans le registre ni du morbide, ni du caché, mais dans celui du vrai, de la vérité intérieure d'un homme.

Ce récit est d'une profonde actualité dans la mesure où il se réfère à une expérience aujourd'hui encore commune à beaucoup et cruciale pour beaucoup, l'épreuve de la maladie grave, dont on n'est jamais sûr de l'issue.

Le progrès vertigineux des sciences médicales rend encore plus cruel le sentiment d'impuissance que l'on éprouve dans certains cas devant le mal qui ronge une personne. Dans ces circonstances, on rencontre souvent deux sortes de réactions de la part de ceux qui sont touchés par la maladie (la leur ou celle d'un proche) : la réaction accablée de ceux qui baissent les bras face à l'inéluctable et la réaction aseptisée de ceux qui échappent à la rudesse de cette épreuve en se réfugiant dans les consolations spirituelles. Rien de tel ici ! La tonalité est celle de la confiance dans le Christ, d'un acquiescement serein et disponible à ce qu'il met en œuvre.

Qu'est-ce que le Christ met en œuvre face à la maladie ? De tout temps, il a été associé au désir de guérison physique qui habite le cœur humain. Dans sa vie publique, ses contacts avec les malades ne sont pas sporadiques, ils sont même continus. Les guérisons qu'il accomplit sont le signe des bienfaits de Dieu pour l'homme qu'il a pour mission d'annoncer et d'accomplir. Et nous savons que les guérisons miraculeuses continuent à faire partie de la tradition de l'Église. Mais, pour un croyant, c'est une question difficile. Ce que le Christ met en œuvre, c'est la puissance de purification, brûlant de l'intérieur non pas d'abord les cellules infectées par la maladie, mais les miasmes délétères de l'orgueil, de la volonté de puissance, de la recherche effrénée du plaisir, de l'autosuffisance. Il renouvelle le cœur de l'homme, toutes ses capacités de regarder, d'écouter, d'accueillir, de vivre. Une telle puissance de purification ne peut-elle pas aller jusqu'à porter des fruits de renaissance pour l'être de chair que nous sommes ?

Dans le témoignage de l'auteur, on est très souvent dans la suggestion d'une « guérison miraculeuse ». Le

Christ est incontestablement venu pour guérir, il est venu non pas pour les bien portants et les justes, mais pour les malades et les pécheurs. Mais cette volonté de guérison, qui trouve toute sorte de réalisations, hors de toute explication rationnelle, est à éclairer par l'économie d'ensemble du mystère de l'Incarnation et de la Rédemption. L'œuvre du Christ n'est pas de « réparer » l'homme, de lui restituer sa condition antérieure, de remettre en état physiquement et spirituellement une créature dégradée, comme le ferait un garagiste d'une automobile ou un médecin d'un malade. Son action « médicinale » est plus décisive et plus définitive que cela. Il s'agit de faire une « créature nouvelle », à la hauteur de Dieu, et non pas une créature renouvelée, ou améliorée. De cette destinée il est le gage pour tous, puisqu'il est en chacun. Comme le rapporte le texte, « il descend dans notre enfer », il prend en charge notre faiblesse. Son intervention est radicale. Il fait en nous ce que nous ne pouvons plus faire. Par sa mort et sa résurrection nous sommes introduits avec lui dans une vie de ressuscités.

Telle est la quintessence du mystère du salut. Le Christ nous fait participants à la croissance du Royaume, en transfigurant tout en nous : nos relations, nos énergies, notre confiance, notre accueil, notre courage, notre espérance. Cela s'accomplit à hauteur d'homme par toutes les transfigurations que sa présence reconnue et aimée peut opérer en nous.

Celui qui a pris le temps de relire sa vie dans le prisme de l'intervention inlassable du Christ a pu relever toutes les grâces de résurrection qui lui ont été octroyées. Elles sont innombrables et multiformes. L'Église conçoit depuis toujours l'espérance de la guérison de nos infirmités par le Christ. Mais, comme il est rappelé dans le document publié récemment par la congrégation de la Doctrine de la foi, *Instruction sur les prières de guérison* : « Même les prières les plus intenses n'obtiennent pas la guérison de toutes les maladies. Ainsi saint Paul doit-il apprendre du Seigneur : « Ma grâce te suffit ; car ma puissance se déploie dans la faiblesse » (2 Co 12, 9), et que les souffrances à endurer peuvent avoir le sens que : « je complète en ma chair ce qui manque aux épreuves du Christ pour son corps qui est l'Église » (Col 1, 24). (*La Documentation catholique*, n° 2238, § 5, p. 1065.)

† MARC STENGER,
évêque de Troyes.

PROLOGUE

> « Si nous nous aimons les uns les autres, Dieu demeure en nous et son amour atteint en nous sa perfection. Nous reconnaissons que nous demeurons en Lui et Lui en nous à ce qu'Il nous donne part à son Esprit. (...) Celui qui proclame que Jésus est le Fils de Dieu, Dieu demeure en Lui et Lui en nous. »
>
> (1 Jean 4, 12.15.16.)

Ce livre est aux couleurs de ma vie, tantôt roses, tantôt noires.

Ces soixante-dix années d'existence ont été le théâtre d'événements merveilleux, qui m'ont presque fait oublier les drames et les souffrances qui les ont jalonnées. Une année de paralysie à dix-huit ans, la guerre d'Algérie, quatre mandats de maire dans une commune rurale, durant lesquels il m'a fallu lutter chaque jour, de gros problèmes de santé à plusieurs reprises ont pourtant fait de ma vie un combat. D'autres heures furent cependant merveilleuses : mes guérisons à travers l'intercession de Marie, Mère du Christ, la rencontre avec mon épouse, la découverte de manière successive du Christ agissant en moi, à travers moi, et dans les autres, celle de la prière agissante qui peut changer le cours des choses, et enfin la rencontre avec Dieu, et la possibilité de pardonner réellement, tout cela m'est arrivé.

J'ai eu la chance de naître au sein d'une famille d'hommes d'action, une lignée aux valeurs chrétiennes très fortes. Je crois avoir reçu très tôt, à l'âge de quatre ans, la révélation d'une vocation sacerdotale. Mais mon rêve d'être fermier, né à la même époque, puis mon « péché mignon », une fâcheuse tendance à tomber amoureux de toutes les belles jeunes filles qui croisaient mon chemin ont orienté différemment le cours de ma vie. Je suis finalement devenu agriculteur ; j'ai, parmi les belles jeunes filles, rencontré la femme de ma vie, je suis le père de six enfants, le grand-père de vingt-trois petits-enfants... Et j'ai conscience aujourd'hui qu'il me faut témoigner de ce qui m'est arrivé, et de ce qui arrive dans ma vie. Je dois partager les bienfaits de Dieu et ne pas les garder pour moi seul, comme un trésor enfoui.

Dans Saint Marc, chapitre 4, verset 21, il est dit : « Est-ce que la lampe vient pour qu'on la mette sous le boisseau ou sous le lit ? N'est-ce pas pour qu'on la mette sur le lampadaire ? »

Mon témoignage est celui d'un homme comme les autres, un homme qui a souffert et peiné, un homme qui a beaucoup reçu, un homme qui porte ses richesses et ses faiblesses. Dans ma vie, j'ai souvent trébuché, mais Dieu est toujours resté à côté de moi. Un signe, une parole, un événement m'empêchait à chaque fois d'aller jusqu'à l'irréparable. Je Lui ai en revanche toujours demandé de me donner ma ration de pain quotidien. Et Il me l'a toujours donnée, et quelquefois cent fois plus, mille fois plus.

C'est la menace d'un cancer qui a donné les prémices de ce livre. Mes deux grands-pères sont morts d'un cancer, puis mon père en 1955, mon frère aîné en 1979, ma mère en 1992... Pour moi, la menace s'est précisée en 1981, lorsque, lors de l'ablation d'un polype, les analyses ont montré que la tête de ce polype était cancéreuse.

L'alerte a été chaude, mais j'ai obtenu dix-huit ans de sursis du point de vue médical. Ce choc brutal m'a amené à me pencher sur l'évolution de ma vie, et en particulier sur tout ce que je dois à ma mère qui, pendant les bombardements à Paris en 1943-1944, m'a appris à prier Marie, puis à rencontrer Jésus. J'avais onze ans. Marie m'a fait ces trois grâces : vocation, santé, amour. Et tout au long de ma vie, j'ai continué à recevoir sa protection.

Marie m'a conduit au Christ, le Christ m'a conduit au Père.

En 1981, au cours d'une retraite spirituelle, j'ai, dans un moment de solitude totale, entendu une petite voix intérieure qui me disait :

« Tu es triste ?

– Oui, Seigneur.

– Tu es seul ?

– Oui, Seigneur.

– Eh bien, moi, cela fait quarante-neuf ans que je vis en toi, et je suis prisonnier, je suis triste et seul aussi, j'ai besoin de tes oreilles pour entendre ceux qui appellent, j'ai besoin de tes yeux pour voir ceux que tu rencontres, j'ai besoin de ta bouche pour parler. Je n'ai rien de tout cela. Je suis prisonnier en toi. »

Et, dans la continuité de ces découvertes, malgré ma pauvreté, j'ai pu, depuis vingt ans, vivre des moments extraordinaires. Non parce que j'ai voulu les vivre, mais parce que j'en ai reçu l'appel intérieur. J'ai traversé aussi des années de désert, mais la petite lampe intérieure brillait, même dans le noir complet, et elle me disait : « Ne perds pas le "Je Suis" qui est en toi. »

Le 27 mai 1999, puis le 24 septembre, mon médecin, qui me suit de près compte tenu de mes antécédents familiaux, me signala que mes analyses de sang n'étaient pas bonnes. Il me prescrivit un scanner.

Le 19 octobre 1999, à l'issue du scanner – une séance qui dura vingt-cinq minutes au lieu de sept –, le médecin m'annonça : « Monsieur, vous avez une tumeur au foie, il faut faire une IRM[1] rapidement. » Ce fut pour moi un choc.

Je pris alors la décision d'écrire tout ce qui allait m'arriver. Je voulais noter sur un cahier la manière dont l'on pouvait vivre une telle situation : la maladie, les doutes, la souffrance, l'espoir, la relation à Dieu pendant cette épreuve, la vie avec le Christ dans mes cellules saines ou malades. Et puis j'avais aussi envie de témoigner de tout ce que Dieu m'avait accordé au cours de mes soixante-dix années. Ne sachant pas ce qui se passait exactement en moi, je tenais à transcrire mon expérience jour après jour. J'avais perdu cinq membres de ma famille d'un cancer, et le pire était à craindre puisque j'avais eu un polype cancéreux dix-huit ans auparavant. Je me disais : « C'est reparti », et j'ai pensé alors : « Je veux vivre cet événement le mieux possible, et le vivre avec le Christ qui habite en moi. »

1. Imagerie par résonance magnétique (NdE).

Première partie

MA MÈRE M'A DONNÉ MARIE

I

MA MÈRE M'A DONNÉ MARIE

Un retour en arrière dans ma vie permet de mieux comprendre mon cheminement.

C'était le 15 mars 1936, j'avais quatre ans, j'étais malade, couché dans mon lit d'enfant, dans la station de sports d'hiver des Gets. Mes parents m'avaient offert une ferme miniature dotée d'une petite maison entourée d'une barrière, de porcs, de chèvres, d'oies, de canards et d'une vache, d'un petit sapin, et d'une charmante fermière avec son pot de crème et ses petits bidons... Je la vois comme si c'était aujourd'hui, je pourrais encore dessiner les couleurs de la fermière. J'ai trouvé cela très joli. Il paraît que Papa et Maman, se penchant sur mon petit lit, m'ont alors demandé : « Que feras-tu quand tu seras grand ? » Il est évident que je n'ai aucun souvenir de ce que j'ai répondu, mais Maman l'a consigné sur son cahier de mots d'enfants. Ma réponse a été : « Quand je serai grand, z'aiderai les âmes à monter au ciel, ze serai prêtre, ze veux être missionnaire. » Je crois volontiers ma mère, mais cette phrase ne vient probablement pas de moi, plutôt de la présence de Dieu qui m'habitait déjà intérieurement. Il est vrai que de quatre à dix-huit ans, j'ai tous les jours de ma vie souhaité être prêtre, ce qui ne m'empêchait d'ailleurs pas de regarder les jeunes filles…

Pour faire ma communion privée, à l'âge de sept ans, j'ai passé un examen à la paroisse Saint-François-de-Sales, à Paris, avec l'Abbé Orliaguet. Il comportait deux questions : « Qu'est-ce qu'un miracle ? Citez un miracle. »

Voici les réponses que j'ai faites dans mon innocence :

« – Un miracle, c'est une chose que l'on ne comprend pas,

– comme miracle, voici le mien : comment qu'un réveil sait à quelle heure qui faut qui sonne ? »

Eh bien, je l'ai eu, mon examen, et j'ai fait ma communion privée. Je me le rappelle encore, le Christ, dans ma bouche, sur ma langue. L'hostie ne devait pas toucher les dents. Et je ne devais ni manger ni boire à partir de onze heures du soir la veille. Mais Il est descendu dans mon cœur, *j'étais porteur de Lui*. Je me sentais un autre, et plus tard, lors de la retraite qui nous préparait à la communion solennelle, et durait du jeudi au samedi matin, je buvais les paroles de l'abbé. J'étais subjugué. La pensée que j'étais devenu un tabernacle portant Dieu était en permanence dans mon esprit.

Ensuite, en 1943, lorsque j'eus onze ans, vint la période des bombardements américains sur la gare des Batignolles, située à moins de trois cents mètres de notre appartement, boulevard Malesherbes, à Paris. Ils survenaient entre vingt-trois heures et une heure du matin. Les sirènes annonçaient le danger et toute la famille était levée en quelques secondes. Papa se dirigeait vers l'escalier de service avec ma sœur Marie-Odile, âgée de quatre ans, dans les bras. Maman portait Jean-François qui n'avait pas un an, et Hubert, Guy et moi suivions à la queue leu leu. De partout les portes s'ouvraient, et tous les habitants de l'immeuble descendaient à la cave. Que cette cave pouvait être laide, noire et étroite ! Le long des couloirs, une planche d'environ vingt-cinq centimètres de large avait été fixée au mur pour permettre de s'asseoir en attendant que les sirènes annoncent la fin des bombardements. Au-dessus de nos têtes, couraient de gros tuyaux de dix à quinze centimètres de large. Dans l'un passait le gaz, dans le deuxième l'eau, et dans le troisième, les eaux usées. Les impacts des bombes s'entendaient très bien, ils résonnaient dans nos murs. Si l'on entendait siffler la bombe, c'est qu'elle allait tomber à côté de nous, et non pas sur nous. Curieusement, paraît-il, si la bombe tombe sur nous, on ne l'entend pas venir. Le lendemain, en classe, avec les copains, nous échangions nos impressions de la nuit. Un jour, un copain, Henri, n'est pas revenu. La bombe était tombée sur son immeuble, à deux numéros du nôtre, la cave avait résisté, mais pas les grosses canalisations d'eau et de gaz qui ont éclaté, tuant tous les occupants réfugiés dans le sous-sol.

Pendant les bombardements, Maman me prenait sur l'un de ses genoux, mon petit frère occupait l'autre, et elle m'apprenait à prier Marie, qu'elle appelait « Maman du ciel ». Maman m'a appris à avoir confiance en Marie. J'aimais ces moments. Et moi aussi je me suis mis à donner à Marie le nom de « Maman du ciel ». Plus tard, mon père m'a raconté qu'une nuit, la sirène ayant sonné à minuit, j'avais ouvert la porte du couloir et crié : « Vite, Papa et Maman, à la cave, c'est chouette, on va pouvoir prier Maman Sainte Vierge. » J'avais onze ou douze ans, et pour moi les choses étaient ainsi, je n'en suis pas spécialement fier, mais j'avais appris à aimer prier dans les grandes peurs.

Cette foi en Marie que m'a donnée ma mère m'est restée toute la vie.

II

LA GUERRE ET L'EXODE

Je revois également les routes de l'exode, et Maman au volant de la vieille Renault avec ma petite sœur Marie-Odile sur le bras, lui confectionnant une bouillie sur un réchaud à pétrole posé sur le marchepied latéral du véhicule, le tout à deux ou trois kilomètres heure. Nous sommes partis de Courtenay, et nous nous sommes rendus dans la Nièvre chez un cousin. C'est là que j'ai vu les Allemands pour la première fois : une auto-mitrailleuse est entrée dans la cour du château, un gros Allemand en est descendu, tenant un poignard très large qu'il aiguisait, sur sa main, et il s'est dirigé vers le château tel un ogre devant les six petits enfants terrifiés qui le regardaient derrière la vitre. C'était horrible !

À Paris, pendant les bombardements, alors que j'étais en cours au collège Vauvenargues, j'ai vu un jour, à trois heures de l'après-midi, un avion anglais abattu qui tournoyait, accompagné d'une fumée noire. Il s'est écrasé dans la banlieue nord-ouest de Paris.

Une autre fois, j'ai été pris dans une rafle avenue Hoche. Je roulais à bicyclette en direction du parc Monceau, quand j'ai vu un barrage allemand. Un jeune homme d'une trentaine d'années s'est arrêté à côté de moi, il a vérifié ses papiers, et a dit : « Bon, je ne risque rien. » Il est reparti, et moi je l'ai suivi. Au barrage, les soldats allemands nous ont fait poser nos deux bicyclettes contre la grille du parc Monceau, et le jeune homme a été poussé dans le camion. Au moment où j'ai mis le pied sur la première marche, un autre Allemand est arrivé en disant que j'étais trop jeune – j'avais douze ans –, ils m'ont redonné ma bicyclette et je suis parti. Le lendemain matin, dans *Le Figaro*, mes parents ont lu que cent Français avaient été arrêtés au parc Monceau, et fusillés comme otages après l'assassinat d'un général allemand... Je vois encore cet homme, son costume gris, sa vieille bicyclette, son portefeuille qu'il sort, ses papiers et surtout sa jeunesse...

Deux de mes oncles furent ensuite incarcérés à la prison à Fresnes. L'un s'est fait arrêter le mardi soir, l'autre le mercredi soir. Mon père avait préparé une corde pour s'échapper par la fenêtre des toilettes donnant sur la cour intérieure en cas de menace d'arrestation. Le jeudi soir, quand le timbre de la sonnette a retenti à minuit, mon père s'est caché dans les toilettes, ma mère est allée ouvrir, c'était deux gendarmes alsaciens qui ramenaient mon frère Guy et moi, nous revenions de la messe... à minuit ! Tout cela à cause d'un réveil que nous avions oublié de remettre à l'heure, et qui a sonné en pleine nuit. Une fois levés, nous avons fait notre lit au carré, et, après s'être brossé les dents, croyant qu'il était sept heures du matin, nous sommes partis à la messe. Les gendarmes nous ont cueillis car l'heure du couvre-feu était passée, et il était interdit de circuler. « Qu'est-ce que vous faites là? », ont-ils hurlé avec leur accent alsacien. Et ils nous ont ramené, tandis que Papa s'apprêtait à sauter par la fenêtre des toilettes! Après nous être sagement recouchés, nous avons remis le réveil, et, après toutes ces émotions, nous sommes repartis à la messe de sept heures. Le dimanche suivant, Mgr Loti, curé de Saint-François-de-Sales, a évoqué notre aventure au cours de son sermon en disant : « Soyez aussi chrétiens que deux petits paroissiens qui sont venus par erreur à la messe à minuit, se sont fait arrêter et ramener chez leurs parents, et sont venus de nouveau à sept heures du matin! »

Un dernier souvenir de cette époque : dans la demeure familiale à la campagne cohabitaient : l'état-major allemand, installé dans la partie droite, ma famille au centre, et les soldats canadiens blessés, qui étaient cachés dans la partie gauche! Un jour, ma grand-mère m'a dit : « Pierre, viens, je dois aller au chef-lieu, et je passerai voir le général de l'état-major allemand car j'ai besoin de papiers. » Nous nous rendîmes dans l'énorme hôtel que les Allemands avaient réquisitionné, et ma grand-mère demanda à la sentinelle vert-de-gris de l'annoncer auprès du général. Nous montâmes jusqu'à l'immense bureau du général, qui se leva, la main sur la couture de sa culotte de cheval, pour saluer ma grand-mère :

« Bonjour, madame Cornu-Thénard, comment allez-vous aujourd'hui?

– Cela va bien, général, aujourd'hui je suis venue avec mon petit-fils. Pierre, salue le général.

– Non, répondis-je aussitôt, jamais je ne toucherai la main d'un sale Boche! »

Je regardais ma grand-mère, et je la vis passer par toutes les couleurs de l'arc-en-ciel.

J'avais dix ans, et j'ai compris que je venais de dire une grosse bêtise... Le général s'est alors mis à crier : « Madame, lui il est formidable, très patriotique, tout ce que vous voulez aujourd'hui, je vous le donne. » Et ma grand-mère est repartie munie des laissez-passer avec lesquels elle comptait faire évader des résistants vers le Maroc !

III

MES PARENTS

Je suis le fils de Jean Renaudin et de Marie-Claire Cornu-Thénard. Mon père, mort d'un cancer en 1955 à l'âge de cinquante-trois ans, avait offert toutes les souffrances de ses derniers mois de vie pour la guérison de l'un de ses filleuls atteint d'une maladie grave. En 1947, mon père a créé à la demande du cardinal Suhard, archevêque de Paris, l'UNIOPSS, Union nationale interfédérale des Œuvres privées sanitaires et sociales. Il s'agissait de lancer un pont entre les œuvres religieuses privées et les pouvoirs publics. En 1956, les vingt-deux mille œuvres privées de France y avaient adhéré. En 1951, il a créé la Journée nationale des vieillards. Il était l'auteur d'un petit livre intitulé : *Les Sept Crêtes de la civilisation*.

Mon grand-père possédait une belle fortune, et mon père a reçu un solide pécule au moment de son mariage. Il l'a entièrement consacré à l'Union sociale et aux Œuvres privées. Cela a lourdement marqué ma jeunesse. Un soir de 1947, je suis allé voir Maman dans le salon après avoir terminé ma version latine, et elle m'a dit : « Pierre, je suis inquiète, ton père est à Aubervilliers, sa réunion se terminait à vingt-deux heures, il aurait dû être là à vingt-trois heures, et il n'est pas rentré. Pourvu qu'il ne lui soit rien arrivé ! » Je me suis assis à côté d'elle, et nous avons prié. À une heure il n'était toujours pas là. À deux heures non plus. À trois heures, un petit bruit de clé dans la serrure, c'était lui. Maman lui dit : « Jean, pourquoi rentres-tu à cette heure-là ? – Marie-Claire, je n'avais plus vingt centimes pour prendre le métro, je suis rentré à pied. Nous étions ruinés. Maman a dû travailler. Cette nuit-là, à quinze ans et à trois heures du matin, je me suis juré qu'un jour je serais riche. Je voulais me venger et pouvoir offrir alors à mes futurs enfants des vacances à la mer, des vacances aux sports d'hiver, les moments de loisir dont j'ai rêvé toute ma jeunesse en voyant partir mes camarades de classe… Quand je me suis marié, je n'avais pas un sou en poche. Grâce à ma vocation d'agriculteur et à un travail quotidien, ma famille n'a jamais manqué de rien.

Quand Papa a été opéré le 4 janvier 1955, je suis allé à la clinique avec ma mère. Nous avons vu Papa rentrer dans la salle d'opération, et repasser un quart d'heure plus tard aussi blanc qu'à l'entrée. Nous nous sommes dit que quelque chose n'allait pas. Le chirurgien est venu expliquer froidement à Maman que son mari était inopérable, qu'il avait un cancer généralisé, qu'il ne lui restait guère plus de six semaines à vivre, et qu'il nous conseillait de ne rien lui dire pendant quatre semaines. « Au revoir, madame », et il l'a plantée là.

Je venais de lire avec Papa une biographie du Padre Pio, le moine italien stigmatisé, et j'ai dit à Maman : « Je vais voir le Padre Pio, et je lui demanderai un miracle. »

J'ai obtenu un billet d'avion pour me rendre en Italie l'après-midi même. Je suis arrivé à Rome à trois heures de l'après-midi, j'ai pris un train à la gare vers cinq heures, et suis arrivé à onze heures du soir dans le sud de l'Italie. J'ai ensuite pris un taxi pour me rendre à San-Giovanni-Rotondo où vivait le Padre Pio, et le chauffeur de taxi se tapait sur les cuisses parce qu'il y avait une fête avec environ trois mille personnes dans le village. Il fonçait dans la foule en klaxonnant, c'était vraiment très italien ! J'ai trouvé un hôtel à deux cents mètres du monastère. On m'a dit que le Padre Pio célébrait la messe à cinq heures. J'ai demandé qu'on me réveille à quatre heures. En sortant de l'hôtel au petit matin, le ciel était noir, constellé d'étoiles brillantes, et cela m'a fait penser à ces tentures de deuil que l'on mettait, à l'époque, autour des portes cochères des maisons ou des immeubles lorsqu'il y avait un décès.

Devant le monastère, une cinquantaine de femmes récitaient à toute allure des « Ave Maria » Je me suis dis : « Bon sang, dans quoi suis-je tombé ? » À cinq heures moins cinq, la porte s'ouvrit, et je fus projeté avec toutes ces dames vers un petit autel sur la droite de l'église. Je me suis retrouvé au cinquième rang, donc à environ six mètres du Padre Pio. À cinq heures moins une, une femme s'est retournée, et m'a dit en français : « C'est pendant la messe que l'on peut entrer le mieux en communication avec le Padre Pio. » Je suis français, et je me trouvais dans une église bourrée d'Italiennes, et voilà qu'une femme s'adressait à moi en français. Ce n'est que plus tard que je me suis rendu compte de ce que cette intervention avait de mystérieux. Le Padre est arrivé avec des gants qui cachaient ses plaies. L'enfant de chœur a déplacé le livre de messe qui était à droite pour le mettre à gauche pour la lecture de l'Évangile. Le Padre Pio est entré en extase, et la phrase de la dame m'est revenue. J'ai alors crié très fort intérieurement : « Padre Pio, guérissez Papa », et je l'ai vu qui faisait « non » de la tête. Je me suis dit : « Papa va mourir », j'ai crié alors : « Padre Pio, guérissez mon cousin », et je l'ai vu faire « oui » de la tête. Mon cousin germain, né avec une grave maladie de peau, était condamné, à l'époque, à mourir jeune, aucun de ces malades dans le monde n'ayant dépassé dix-huit ou vingt ans. Papa avait offert pour lui ses souffrances. J'ai pensé : « Mon cousin va guérir. » J'ai attendu une audience une grande partie de l'après-midi, mais l'on faisait passer de nombreuses personnes avant moi. J'en ai eu assez et, vers quatre heures de l'après-midi, je suis parti dans le village, sans avoir mangé.

À la devanture d'un magasin, je me suis regardé dans la glace. Je portais le grand manteau de Papa qui me couvrait jusqu'aux chevilles, les cheveux noirs, pas rasé, je me trouvais l'air d'un véritable Italien. On m'a alors tapé sur l'épaule : « *Francese*, *francese*, le Padre veut vous voir. » Et cela au milieu de trois mille personnes… Je suis remonté au monastère et je l'ai trouvé en extase à la tribune. Au bout d'un quart d'heure, il est venu près de la sortie, je lui ai redit : « Padre Pio, guérissez Papa. » Il posa alors ses deux mains stigmatisées sur ma tête, je me mis à genoux, il pria sur moi. Quand il retira ses mains, je le regardai, il y avait des larmes qui coulaient de ses yeux. Un homme qui se tenait derrière moi, probablement envoyé par mon hôtelier de la veille à qui j'avais parlé de ma démarche auprès du Padre Pio, me tendit alors un télégramme qui annonçait : « Papa décédé. » Il était mort au moment même où j'avais demandé sa guérison au cours de la messe, le matin, à cinq heures dix. Je suis rentré d'urgence. Cet enchaînement d'événements me paraît surprenant.

Ma mère était dotée d'une grande force de caractère, et avait une foi profonde. En 1944, elle avait eu l'audace de pénétrer dans la prison de Fresnes et de monter jusqu'au bureau d'un général allemand pour obtenir des nouvelles de ses deux beaux-frères arrêtés quelques jours auparavant. Aucune sentinelle n'avait osé l'arrêter !

L'attitude de l'une de mes belles-filles qui, lors de son premier mariage, avait su dire à son époux mourant qu'il pouvait partir retrouver Dieu, m'a aidé à mon tour à dire à ma mère, une fois mes frères et sœurs réunis autour d'elle, qu'elle pouvait partir en paix : « Laisse ton cœur s'arrêter, nous sommes là, va rejoindre Papa, va connaître Dieu. » C'est une expérience extraordinaire de pouvoir dire cela à l'un de ses proches, à sa propre mère. Elle est morte en 1992, le jour de l'Annonciation, elle qui avait annoncé le Christ tant de fois dans sa vie à des gens qui voulaient se suicider. Cela faisait dix-huit ans que ma sœur Marie-Odile la soignait pour son cancer. Maman était vraiment une femme extraordinaire. Elle aidait les autres, et plus particulièrement les désespérés.

Un matin de 1948, j'avais alors seize ans, alors que je partais au cours Pollès, j'ai vu, en entrant dans le métro, une femme qui guettait l'arrivée de la rame d'un air bizarre. Je lui ai demandé si quelque chose n'allait pas, elle m'a répondu : « Je vais me tuer, je veux me suicider. » Je lui ai demandé si elle avait encore un ticket de métro pour y entrer de nouveau. Elle m'a regardé et m'a dit : « Oui, pourquoi ? » « Alors, lui ai-je répondu, allez à l'adresse que je vais vous indiquer, sonnez au deuxième étage, et demandez à Mme Renaudin de vous parler, vous pourrez revenir ensuite vous suicider. » Elle est allée voir Maman, qui était en robe de chambre, elles ont passé deux heures ensemble. Dix jours après, on nous a livré un bouquet de fleurs d'un mètre carré accompagné d'un mot : « La vie est belle. » Maman avait envoyé cette dame faire une retraite de six jours chez Marthe Robin au Foyer de charité de Châteauneuf-de-Galaure.

IV

L'ACTE DE FOI DE LOURDES

Très impressionné par tout ce que j'avais connu pendant la guerre, et par la sérénité de Maman m'apprenant à prier Marie au pire des bombardements, j'ai, à treize ans, en 1945, demandé à mes parents de me laisser partir à Lourdes pour remercier « Maman Sainte Vierge ». Ils ont accepté ce voyage que je devais faire tout seul. Mais c'était pendant un « pont » de trois jours, et il fut impossible de trouver un billet de train. Voyant ma détresse, ma mère appela son cousin, qui était alors président des Chemins de fer, et celui-ci lui dit : « Qu'il soit demain matin à la gare d'Austerlitz en queue du train, à huit heures trente, sa place est retenue, une femme en uniforme lui remettra son billet. » Quand nous sommes arrivés à la gare à huit heures quinze, la dame était au rendez-vous. Elle assura à ma mère que tout était en ordre, et elle me remit mon billet de retour en me demandant de ne pas le perdre. Elle me fit alors monter dans le wagon de queue et, quand la porte s'ouvrit, je découvris avec stupéfaction un salon, des fauteuils, un bar, un lit, et même une fleur rouge dans un vase sur la table basse. J'étais dans le wagon présidentiel ! Médusé, je pris le chemin de Lourdes accompagné par cette dame...

Le lendemain matin, installé à Lourdes, je me suis rendu à la piscine miraculeuse. Cela n'avait pas grand-chose à voir avec l'équipement actuel. Je crois qu'il n'y avait que quatre cabines. Lorsque que je suis entré dans l'une des cabines, le personnel était en train de déshabiller un homme d'une trentaine d'années, grand blessé de guerre. En haut de son dos à gauche, on voyait un trou d'environ douze centimètres. Il n'y avait plus ni peau, ni côtes, simplement une cavité dans laquelle les poumons se remplissaient et se vidaient à l'air libre. Deux hommes l'ont plongé dans la piscine, tandis qu'un troisième me préparait. Il me demanda de me déshabiller complètement, et me tendit un pagne bleu en jute, trempé et froid, que je m'attachai autour des reins. Quand mon tour arriva, je descendis les deux ou trois marches de la piscine. Deux hommes me firent réciter les prières inscrites sur le mur d'en face, et l'un d'entre eux me plongea dans cette eau peu claire, dans laquelle surnageait ce qui semblait être des mèches de coton de trois à quatre centimètres de long.

C'est alors que survint le moment fatidique qui devait marquer ma vie entière. « Voulez-vous faire un acte de foi et boire de l'eau de cette piscine miraculeuse? », me proposa l'homme qui venait de m'y plonger. J'ai regardé cette eau douteuse, je l'ai bien vue, et j'ai fermé les yeux en disant intérieurement : « Maman Sainte Vierge, en buvant cette eau, je fais l'acte de foi : chaque fois que je serai malade dans ma vie, je guérirai avec toi. » Et j'ai bu. Pourquoi ai-je fait ce vœu, moi qui, à treize ans, n'avais jamais été malade? Cela m'a en tout cas porté bonheur, car j'ai par la suite eu toutes sortes de maladies, et, à chaque fois, j'ai refait l'acte de foi et j'ai guéri.

Il faut dire que je sortais de la guerre, j'avais vu des blessés, j'avais vu des mourants, j'avais vu des gens traîner sur les routes de l'exode, j'avais été témoin de rafles et raflé moi-même; tout cela marque et fait mûrir.

V

MALADIES ET GUÉRISONS

Quand j'ai fait mon acte de foi, j'étais très jeune, j'étais en pleine forme ! Par la suite, j'ai eu de gros problèmes de santé.

À 18 ans, ma vertèbre D12 a été dévitalisée à la suite d'un grave accident de bus. J'ai vécu un an alité, paralysé des membres inférieurs, et deux ans et demi avec un corset de fer, dont une année d'une difficile rééducation.

En 1956, un traumatisme lié à la guerre d'Algérie m'a fait perdre totalement le sommeil, et je ne l'ai retrouvé que quarante ans plus tard. Peu de temps après mon retour d'Algérie, j'ai eu une primo-infection. De 1963 à 1966, j'ai dû m'habituer à vivre avec de violents accès de fièvre tous les trois jours, avant que l'on découvre que j'étais atteint de la fièvre de Malte sous une forme violente.

C'est l'année suivante que j'ai souffert de la maladie de La Peyronie : une maladie qui atteint habituellement des hommes plus âgés, et qui m'a touché dans la quarantaine.

À partir de 1975, j'ai eu à trois reprises des malaises cardiaques graves.

En 1981, à la suite d'une coloscopie, j'ai été opéré d'un polype cancéreux.

Je passe sur les fractures aussi variées que nombreuses, les ulcères, les crises de tétanie... Malgré tout ce que j'ai vécu et subi, je suis toujours dans le même état d'esprit. Depuis cet acte de foi avec Marie, j'ai le sentiment de n'être plus seul face à l'épreuve. Marie me protège, car je me suis abandonné à elle. Je prends de plus en plus conscience que le Christ vit en moi. Recevoir cette grâce immense vaut le coup d'être vécu.

VI

AVANT D'ENTRER AU GRAND SÉMINAIRE

De treize à dix-huit ans, mes études n'ont guère été brillantes. J'ai fréquenté successivement sept écoles, et je me suis souvent fait renvoyer car j'étais chahuteur. Après le cours Hattmer, j'entrais en 8ᵉ au lycée Carnot. Là aussi, j'ai été menacé de redoublement, et il paraît que j'ai réagi en disant : « Je m'en fiche, j'adore ma maîtresse ! » J'ai été ensuite à Pontoise chez les Oratoriens, puis à Vauvenargues, à Sainte-Marie-de-Monceau, et j'ai passé l'année de ma terminale au cours Pollès, une boîte à bac.

Pour arranger ce parcours, puisque mon père avait sauté la classe de seconde, j'avais décidé que je ferais comme lui. Pour me mettre à niveau avant le premier bac, il me fallait prendre des cours particuliers de latin et de français ; j'ai dû m'enfuir dès le premier cours du domicile du professeur, du fait des entreprises de séduction auxquelles il s'était livré. Mon père ayant jugé bon de prévenir le directeur du comportement de l'enseignant, c'est moi qui ai été privé de cours généraux tout au long du troisième trimestre… Ce directeur a préféré m'isoler plutôt que de parler au professeur ! Du coup, j'ai échoué d'un point à mon premier bac en juillet, et j'ai refusé de le repasser en septembre. Sauter ma seconde et refuser de repasser mon examen n'était pas très malin, mais cela ne m'a finalement guère pénalisé par la suite. J'ai suivi en auditeur libre les cours de l'École d'agriculture de Grignon, et je dois dire que j'ai reçu de ma belle-famille une aide considérable pour tout ce qui concernait mon métier d'agriculteur.

Plus tard, lorsque j'ai été membre du Bureau national des parents d'élèves de l'enseignement catholique, j'ai fait des conférences à Reims, à Charleville et à Saint-Dizier pour des directeurs d'établissement qui parcouraient jusqu'à cent kilomètres pour venir m'écouter. Une petite revanche pour l'élève collé au bac !

VII

« VOUS SEREZ UN AGRICULTEUR RAYONNANT »

Je venais d'avoir dix-huit ans. J'étais inscrit au grand séminaire d'Issy-les-Moulineaux pour la rentrée de septembre 1950. Ma mère avait déjà cousu des marques sur tous mes vêtements, y compris sur les chaussettes (cela me rappelle un prêtre, qui, évoquant au cours d'une retraite ses années de séminaire, racontait que sa mère lui avait, à cette occasion, choisi, et marqué, des slips de la marque « Éminence »!).

Au début de septembre, j'ai dit à ma mère : « J'ai la trouille de rentrer au grand séminaire dans huit jours. J'ai toujours un petit penchant pour l'agriculture. » Ma grand-mère maternelle avait deux petites fermes autour de sa maison dans le Loiret, et, pendant les vacances, quand j'avais sept ou huit ans, je prenais plaisir à m'évader pour aller voir rentrer les cochons, traire les vaches... J'aimais la terre. D'autre part j'avais un cœur d'artichaut, et pendant ces dix-huit premières années de ma vie, je suis tombé amoureux au moins une fois par trimestre!

À dix ans j'étais follement amoureux de Jacqueline qui en avait huit, et mon frère Guy, qui la trouvait très belle, lui a dit : « Laisse tomber mon frère, il veut être curé. Viens avec moi ! » Ce qu'elle a fait, bien sûr. Il me l'a chipée en un quart d'heure. Je ne lui en veux pas, c'était de bonne guerre !

J'ai confié mes hésitations à Maman ce dimanche-là, à dix-huit heures ; elle m'a répondu : « Va faire une retraite d'une semaine ; on m'a parlé d'un lieu où il y a une mystique de grand discernement ; téléphonons, s'il y a de la place tu y vas, sinon nous chercherons ailleurs. » Maman a appelé, et la secrétaire nous a répondu que c'était complet cinq minutes plus tôt, mais que quelqu'un venait de se désister et qu'elle me donnait donc la place. « Que votre fils soit là demain lundi à dix-huit heures. » Ce qui fut fait. Dès le mardi matin, les membres du Foyer de charité me proposèrent de rencontrer Marthe Robin, la stigmatisée. J'ai pu la rencontrer le mercredi après-midi.

La visite se déroula de la manière suivante : nous attendions dans la pièce centrale de la petite maison où habitait Marthe. Dans un coin se trouvait une cuisinière à bois sur laquelle était posée une marmite d'où sortait de la vapeur. Une femme vêtue de noir gérait les temps de visite, elle toqua à une petite porte, et je compris que c'était le signal pour que la personne qui se trouvait avec Marthe sorte. C'était mon tour. Je fus introduit dans une chambre baignée dans la pénombre ; je distinguai un lit, avec à sa tête une petite lampe camouflée et, à côté, une chaise. Je m'y assis et tentai de distinguer le visage de Marthe. Je parvins à en deviner les traits. Je lui dis : « Je m'appelle Pierre. » Elle me répondit : « Si vous le voulez bien nous allons dire un “Notre Père” et un “Je vous salue Marie”. » Sa voix était toute douce. Je lui expliquai les raisons de ma présence à cette retraite, et ma peur à l'idée de rentrer au grand séminaire alors que, depuis l'âge de quatre ans, je pensai tous les jours à ma vocation de prêtre ; mais il y avait aussi ce rêve de devenir agriculteur. Sa réponse fut instantanée : « Pierre, vous ne serez jamais prêtre, vous serez un agriculteur rayonnant, ne pensez plus jamais à la prêtrise. » Nous redîmes ensemble un « Je vous salue Marie », je me levai et sortis de la chambre, me sentant léger, léger, ce qui attira le regard des personnes qui attendaient leur tour. Dehors, l'air était pur, je revins au Foyer. Un quart d'heure plus tard, j'eus la sensation très vive que Marthe s'était trompée, ce qui me bouleversa. Je rencontrai dans le couloir le Père Finet, responsable du foyer, et lui dis ce qui se passait en moi. Il me demanda d'aller immédiatement devant le Saint Sacrement. Il ajouta : « C'est le coup du diable, vous verrez, dans un quart d'heure il n'en sera plus rien. » C'est exactement ce qui s'est passé. J'ai beaucoup pleuré, puis je me suis fait une raison. J'ai alors appelé mes parents pour leur dire que je ne rentrerais pas au grand séminaire. Et je n'y ai plus jamais pensé.

À mon retour à Paris, ma mère m'a accueilli avec un grand sourire : « Il faut que je te dise quelque chose de très important : depuis le jour de tes quatre ans, quand tu nous as dit que tu voulais devenir prêtre, j'ai, par esprit de contradiction, prié tous les jours pour la petite fille qui existait au monde et qui deviendrait ta femme. » Quelle maman ! Dans ma vie, parmi toutes les personnes à qui j'ai raconté cela, trois ont eu la même réaction : « Mais alors, votre mère priait contre la volonté de

Dieu ? », et je répondais : « Maman priait tous les jours pour ma future compagne ; si j'étais devenu prêtre, c'était alors pour l'Église qu'elle priait, car c'est l'Église que j'épousais pour la vie en devenant prêtre. Ce n'est pas si mal d'avoir l'Église pour belle-fille ! »

Et, en 1956, lorsque j'ai présenté Martine, ma future femme, à ma mère, celle-ci l'a accueillie avec un grand sourire plein d'amour en lui disant : « Il y a dix-neuf ans que je prie pour vous sans vous connaître, je suis heureuse de vous recevoir et de vous accueillir. » Et, bien évidemment, par la suite, chaque fois que Martine m'a annoncé qu'elle était enceinte, j'ai prié tous les jours pour le futur conjoint ou la future conjointe de cet enfant qui nous arrivait. Si l'une de mes filles était entrée au couvent, j'aurais eu le Christ pour gendre, ce n'est pas mal non plus.

VIII

UN ACCIDENT TRÈS GRAVE ME CONDAMNE À LA PARALYSIE

La première grande épreuve de ma vie est survenue trois semaines après mon retour de Châteauneuf. J'avais tout juste dix-huit ans. Je me trouvais dans l'autobus 94, entre Saint-Augustin et Saint-Lazare, debout dans le couloir et prêt à descendre, lorsque l'autobus, qui roulait encore à environ trente à l'heure, s'est arrêté net sur un coup de frein. Une femme traversait le boulevard devant ses roues ! Toutes les personnes qui étaient debout furent précipitées en arrière, et je suis tombé le dos sur un accoudoir, tandis qu'une grosse dame s'écrasait sur moi. Elle se releva, je descendis de l'autobus et m'effondrai sur le trottoir. À l'hôpital Foch, où j'ai été transporté, les radios montrèrent que la vertèbre D12 était cassée. L'influx nerveux ne passait plus vers les jambes. J'étais paralysé !

Comme je ne m'étais écroulé qu'une fois arrivé sur le trottoir, la RATP n'a jamais voulu payer un centime de dédommagement, et, à une époque où la Sécurité sociale n'existait pas ou peu, l'affaire a été ruineuse pour mes parents.

Les six premiers mois passés au lit dans l'appartement furent très durs. Outre l'immobilisation forcée, j'avais mal partout. Ma mère fit venir le docteur Padovani, un excellent chirurgien, en lui demandant s'il était possible de faire quelque chose pour ne pas me laisser dans cet état. Il m'ausculta, et déclara : « Il faut lui faire confectionner un grand corset très serré, avec des baleines de fer, pour que le thorax se remonte par rapport aux hanches. Nous verrons alors ce qui se passe, mais si la situation s'améliore, ce ne peut être que provisoire. » Aujourd'hui encore, je lui suis reconnaissant d'avoir tenté cette expérience.

J'ai encore passé six mois au lit avec mon corset de fer. Chaque jour, je contemplais mes poils noirs sur ces jambes blanches qui gisaient inertes sur le drap blanc. J'ordonnais à mes doigts de pieds : « Bougez ! » Hélas, rien ne bougeait, et il en était de même de mes genoux. Mais comme j'avais fait un acte de foi devant Marie, je n'ai jamais perdu espoir. Et puis un jour, le gros pouce droit a réagi. Puis le gauche. C'était une première étape vers la guérison.

Le Dr Padovani, informé de ce progrès, a dit à mes parents : « Prenez-le chacun sous un bras, et emmenez-le dîner et déjeuner avec vous, puis vous le recouchez aussitôt. » Ce qu'ils firent. Les beaux jours de l'été arrivèrent, j'étais amoureux de la nature, et le médecin permit alors que l'on me descende sur le boulevard Malesherbes, soutenu par deux personnes. J'y restai donc de quatorze à seize heures, sur un banc, avec un livre et du pain pour distribuer aux pigeons. Six mois après, en marchant tout doucement, je pouvais descendre et remonter tout seul. Mon état s'améliorait. Je veux toujours croire que, dans la vie, après la pluie vient le beau temps, le soleil.

IX

UN CHASSEUR ALPIN EN CORSET DE FER!

L'automne arriva, et, un matin, au courrier, je trouvai une convocation pour le 2 novembre 1952 à huit heures du matin à la caserne Clignancourt. Je devais faire mon service militaire dans les chasseurs alpins. Ma mère me demanda de ne plus y penser et, pour me changer les idées, elle me proposa d'aller rendre visite à ma sœur Marie-Odile à l'école du Foyer de charité de Châteauneuf-de-Galaure, l'endroit où vivait Marthe Robin. Je leur avais en effet suggéré de l'y mettre en pension, l'air y étant plus pur qu'à Paris. Le lendemain commençaient les vacances de Toussaint, et je suis donc parti la voir. Sanglé dans mon « corset de fer », je pris le train, sans valise, car, hormis ma brosse à dents et mon rasoir dans la poche intérieure de ma veste, je ne pouvais rien porter, pas même mon pyjama...

Lorsque je suis arrivé à la pension, j'ai retrouvé ma sœur Marie-Odile, heureuse de me voir. Nous avons décidé de faire quelques pas en direction de la maison de Marthe Robin. Je marchais toujours très lentement. Arrivé à cent mètres de sa maison, je me suis assis sur le bord de la route. En face de moi, à environ trente kilomètres, on voyait les Alpes recouvertes du blanc manteau des premières neiges. Dans ma poche gauche se trouvait la convocation pour le lendemain à la caserne. J'ai prié Marie. J'avais le choix entre rester fragile comme je l'étais, ou violer la nature, partir et gagner ma guérison. Le pari était fou, mais avec son soutien, j'ai pris ma décision. Je préférais mourir d'une chute à skis plutôt que de rester dans l'état où j'étais. Un quart d'heure plus tard, je me suis levé, et j'ai annoncé à ma sœur, qui commençait à s'impatienter, que je rentrais immédiatement à Paris. J'ai appelé un taxi pour prendre le train à Valence, il arrivait à Paris vers 22 h 30. Je suis arrivé à l'appartement et j'ai sonné. Mes parents, en pyjama bleu et chemise de nuit rose, sont venus m'ouvrir et m'ont demandé des explications. « Je veux être à huit heures à la caserne. Réveillez-moi à cinq heures. » Je lus dans leur regard qu'ils me prenaient pour un fou. Mais ils ont accepté.

Après un copieux petit déjeuner composé de deux œufs sur une tranche de jambon fumé, je suis parti pour la caserne. Maman m'avait donné un billet bleu de dix francs. Je portais bien sûr mon corset, et j'avais mes radios sous le bras. J'avais « la trouille » et j'ai demandé au gendarme posté à l'entrée de la caserne, à qui j'ai expliqué ce que j'avais, où je pouvais me faire réformer. Regardant mes papiers, il me dit : « Tu as déjà été en Autriche ? Non, eh bien va te faire réformer là-bas, cela te fera un voyage gratuit. » J'étais d'accord. Je suis donc passé à l'habillement, et, en voulant soulever ensemble les deux paires de godasses à clous qui nous étaient attribuées, je suis tombé à la renverse. C'était trop lourd. Des conscrits m'ont relevé et m'ont soutenu. Je leur ai expliqué que j'avais la colonne vertébrale cassée, et leur ai demandé de bien vouloir prendre mes affaires et de m'aider à aller jusqu'à la gare de l'Est. C'était un vendredi, le départ pour Bregenz en Autriche était à 17 heures. Nous sommes passés par l'Allemagne, ce qui représentait trente-huit heures de train à vapeur, pour arriver en Autriche le dimanche à 7 heures du matin. Je suis resté allongé pendant tout le voyage dans le porte-valise en bois situé au-dessus des voyageurs. À peine avions-nous débarqué du train et pris un café, qu'il nous a fallu nous présenter tout nus devant le capitaine toubib. Celui-ci m'a vu avec mon corset, mes radios à la main et il m'a dit : « Vous êtes fou d'être venu jusque-là ! Vous êtes quatre cents à passer ce matin avant midi, je vous verrai mercredi pour vous réformer, restez à la caserne jusque-là. » Une fois rhabillé, j'ai continué à suivre la filière d'incorporation. Je suis arrivé devant un commandant qui m'a dit :

« Renaudin, Renaudin, vous êtes parent de Guy Renaudin, sorti premier du bataillon en skis l'an dernier ?

– Oui, mon commandant, c'est mon frère.

– Vous voulez en faire autant ? »

En une seconde, j'interroge Marie du ciel et je réponds :

« Oui, mon commandant.

– Bien, vous partez ce soir à Schruns dans les éclaireurs skieurs. »

Adieu le capitaine toubib, il m'aura oublié, et vive l'aventure !

À Schruns, je suis passé le premier devant le capitaine des éclaireurs skieurs, qui m'a ensuite envoyé vers un chalet pour m'y installer. Comme mon frère deux ans auparavant, je me suis choisi, sans le savoir, dans le même chalet, au deuxième étage, le lit à l'entrée à droite de la chambre pour profiter du lever du soleil. Le lendemain matin, j'ai touché ma première paire de skis. Il faut, pour ce qui va suivre, préciser que c'était des skis en bois blanc, le genre bouleau, qui « casse de peur ».

Pour chaque sortie, il fallait charger le sac à dos de dix-sept kilos. Je trichais un peu, car le mien était rempli d'un gros duvet. Cela faisait du volume et c'était très léger ! Je serrais à fond les douze lanières de cuir qui maintenaient mon corset, et en route. À la première chute, je me suis tordu la hanche, le genou et la cheville et je suis parti pour un mois à l'hôpital. Je venais de casser mes premiers skis.

Dans les trois mois qui vont suivre, je vais casser vingt-trois skis de bois blanc. Il faut dire que je suis si raide avec mon corset que je ne peux pas amortir les chutes. La vingt-troisième chute est un peu plus grave que les autres, car, non seulement je casse les deux skis, mais aussi mon corset, désormais inutilisable. Je vais voir le capitaine qui en a assez de moi. Il me dit : « Renaudin, je sais ce que vous avez depuis le premier jour. Mais maintenant je dois vous réformer car l'armée ne vous paiera jamais un corset. » Ma réponse est immédiate : je refuse la réforme. J'ai pu tenir trois mois, j'en tiendrai bien encore quinze.

« Alors je vous prends comme secrétaire dans mon bureau.

– Non, mon capitaine, je veux continuer à faire du ski.

– Sortez d'ici, tête de cochon, et allez chercher votre vingt-quatrième paire de skis ! »

Dès treize heures, je me retrouvai sur le remonte-pente qui nous amena, je crois, à deux mille trois cents mètres. Tout mon dos faisait des vrilles, des courts-circuits, les muscles tremblaient, tout était froid. Pendant deux ans, mon corset m'avait soutenu, et j'en étais dépouillé. J'avais vraiment la trouille et j'ai demandé à la Sainte Vierge : « Tu sais faire du ski ? », elle m'a répondu : « Oui. » Je lui ai dit : « Tu passes la première et je te suis ! » Elle est descendue à quatre-vingt-dix à l'heure, une fois, deux fois puis trois fois dans l'après-midi. J'étais guéri ! Je tenais debout. Merci, Marie, ma compagne de vie.

Tous les jours depuis mon arrivée, j'avais mangé des fruits secs pour assurer à mon corps les vitamines et les éléments qui lui manquaient. Et le soir, quand les copains allaient en ville, au café, ou chez les filles, je restais car je voulais assurer ma guérison. J'ai passé un examen pour être admis à l'École d'officiers de Saint-Maixent, et je l'ai réussi. J'ai été troisième sur soixante-six. Mais le général Blanc, qui connaissait mon histoire et mes problèmes de dos, savait très bien que je ne pourrais faire les exercices de combat liés à cette affectation, il a donc fait dire à mon commandant : « La montagne, c'est bon pour son dos. Nommez-le sergent, et donnez-lui la responsabilité d'une section de haute montagne. » C'est ainsi que j'ai débarqué à Sankt-Gallen-Kirche. J'étais sous les ordres d'un jeune lieutenant, et responsable de trente-cinq appelés. J'avais droit à une chambre chez l'habitant. J'ai mélangé le ski et le tir au fusil pour terminer champion des troupes stationnées en Allemagne et en Autriche dans cette discipline. Tout était parfait, la vie était belle.

Le jour de la « quille » est arrivé, je suis rentré à Paris et ma mère a demandé une consultation chez le

Dr Padovani à l'hôpital Foch. Lorsque celui-ci m'a vu en tenue militaire – j'étais en « permission libérable », ce qui signifiait à l'époque que je devais porter encore trente jours l'uniforme –, il m'a aussitôt envoyé passer une radio. Puis ma mère et moi avons attendu, assis dans le couloir devant son bureau. Une infirmière est entrée avec des radios. Nous attendions toujours. Nous avons assisté à un défilé de médecins qui quittaient leur bureau pour se rendre dans celui du Dr Padovani. Maman, qui n'a jamais eu peur de rien, a poussé la porte du bureau, et nous sommes rentrés discrètement tous les deux. Le Dr Padovani, entouré de médecins, tenait les radios dans ses mains devant un écran blanc. En les élevant, il disait : « Regardez : cette radio date d'il y a deux ans, comparez à celle d'aujourd'hui, c'est miraculeux, il est complètement guéri ! » Par la suite, j'ai tout de même souffert de mon dos pendant pas mal d'années, et fait plusieurs rechutes, heureusement de courte durée. Dans les années soixante-six, soixante-sept, je tombais parfois paralysé dans la cour de la ferme. Les ouvriers étaient au courant, ils me ramassaient, me posaient sur une planche et m'emmenaient dans mon lit. Trois jours après, c'était arrangé. Je me souviens des gouttes de pluie qui me tombaient dans les yeux tandis que j'étais allongé sur le sol.

Marie, devant qui j'avais fait cet acte de foi en buvant l'eau de la piscine miraculeuse à treize ans, avait répondu à mon appel. Le Dr Padovani a tout de même ajouté : « Prenez cela très au sérieux, vous serez de nouveau paralysé à trente ou quarante ans. » Prédiction qui ne s'est heureusement pas réalisée !

X

UNE AUTRE GUÉRISON

En 1955, j'avais vingt-trois ans et Papa était mort depuis quelques mois. J'ai décidé d'aller à Lourdes pour accompagner un pèlerinage de grands malades. À la gare, on m'a confié un compartiment de quatre femmes âgées, allongées car elles étaient paralysées. L'une d'entre elles m'expliqua que les Allemands lui avaient brisé la colonne à coups de crosse dix ans auparavant. Je me suis accroché à elle car j'avais aussi eu la colonne cassée : j'étais resté tout de même un an et demi au lit, et j'avais porté un corset de fer pendant deux ans et demi. Mais bigre, avoir vingt-trois ans, être vierge, rêver d'une belle jeune femme, et se retrouver enfermé avec ces corps de femmes âgées et brisées...

Je m'étais pris d'amitié pour cette femme abîmée, et je priais pour elle de toute la force de ma foi intérieure. Le jour où elle est allée à la piscine, j'ai tenu à être son brancardier. Il y avait la queue devant les rares piscines. Je me suis penché vers elle pour prier tout haut avec elle en disant : « Seigneur, tu es dans toutes mes cellules, change les mauvaises en bonnes, guéris-moi. Je crois, Seigneur, que tu peux me guérir, je veux que tu me guérisses. » Voilà ce qu'il faut dire et redire dans l'eau de la piscine. Je n'avais pas le droit d'entrer dans la piscine des femmes. Heureusement ! Elle est revenue allongée, sans bouger, et j'ai pensé : « Elle n'est pas guérie ! » Le lendemain, en entrant dans la grande salle où se trouvaient toutes les femmes malades, je l'ai vue en chemise de nuit rose avec un chandail gris-blanc, qui marchait à petits pas en se tenant à deux mains aux barreaux des lits, et elle disait à chaque malade : « Regardez, je marche, je marche ! » Encore une belle histoire incroyable que j'ai vécue et qui me pousse à crier : « Merci, Seigneur ! »

XI

UN FIL ROUGE DANS MA VIE

Après mon service militaire, je suis retourné à Châteauneuf-de-Galaure pour une retraite, et j'ai dit à Marie : « Ici, j'ai reçu ma vocation d'agriculteur. Ici, j'ai décidé de guérir avec toi. Je te demande une troisième chose : me donner une épouse qui soit, elle aussi, passée par le Foyer de Châteauneuf, afin d'aller à deux, toute notre vie, dans la même direction, et avec la même foi. »

J'ai pris conscience d'un fil rouge dans ma vie quand j'ai su que, dix ans avant ma naissance, en 1922, mon père qui faisait alors l'École d'agriculture d'Angers, avait constitué avec ses camarades un groupe de prière. J'avais vingt-deux ans, quand, sur son lit de mort, il m'a dit : « Si un jour tu veux faire de l'agriculture, rencontre Pierre Ferté, de Mosloy dans l'Aisne ; il était dans mon groupe de prière à Angers, il est agriculteur. Bientôt je ne serai plus là, mais lui, il pourra t'aider. » Je l'ai cherché, sans plus. Une amie très chère, Isabelle, m'a proposé, en janvier 1956, de l'accompagner car, comme chaque année, les anciens retraitants de Châteauneuf se réunissaient un dimanche entier à Lübeck, une école catholique du 16e arrondissement de Paris. J'avais 39° de fièvre, et je portais un beau chandail à col roulé blanc que ma mère venait de m'offrir pour cette occasion. En fin de journée, vers dix-sept heures, au moment où, avant de nous séparer, nous allions rentrer une dernière fois dans la salle de conférence, Isabelle m'a dit : « J'attends une amie, Martine Ferté, elle doit descendre dans quelques instants. » Soudain, la phrase de Papa m'est revenue à l'esprit, et j'ai pensé que cette Martine Ferté pourrait peut-être me renseigner sur Pierre Ferté. Et puis, au moment où Isabelle m'a dit : « La voici, derrière vous », je l'ai regardée et une pensée s'est imposée à moi : « C'est elle pour la vie. » Je saurai plus tard qu'elle avait eu exactement la même pensée au même moment. Quand nous sommes rentrés par la porte située près du prédicateur, plusieurs personnes qui nous ont vus à ce moment-là, nous ont dit par la suite qu'elles avaient pensé que nous étions fiancés... J'ai laissé tomber ma pauvre amie, et je crois que j'ai demandé Martine en mariage dans le mois qui a suivi, en lui disant : « J'ai été paralysé pendant un an et demi, j'ai porté un corset de fer pendant deux ans et demi, je vous aime, je risque d'être paralysé de nouveau dans quelques années, est-ce que vous voulez bien vous marier avec moi ? » Très émue, elle m'a répondu : « Oui, oui, oui. » Martine était la fille de Jacques Ferté, fondateur en 1927 de la JAC (Jeunesse agricole catholique), un homme de grande valeur comme mon père. Ils n'ont hélas pas eu la chance de se connaître. Ils sont morts tous les deux d'un cancer. Pierre Ferté était le frère du père de Martine.

XII

MARIAGE ET VOYAGE DE NOCES

L'éducation amoureuse que m'avait donnée ma mère tenait en une phrase : « Reste vierge et Dieu te donnera en échange la femme idéale pour accompagner ta vie. » Cela prête aujourd'hui à sourire, mais je ne peux que constater les fruits que j'en ai reçus. Et même si cela m'a paru très difficile à certains moments de ma jeunesse, je lui en suis aujourd'hui reconnaissant.

Marié un samedi de juillet 1956 à Passy-en-Valois, j'ai été rappelé en Algérie le lendemain, rappel que nous avons heureusement ignoré, Martine et moi, jusqu'à notre retour du voyage de noces que nous avons fait en Corse. Au moment de mon départ pour l'Algérie, nous venions de découvrir que nous attendions notre premier enfant. Quand je suis revenu d'Algérie, Martine était enceinte de six mois et demi, et nous avons eu six enfants en huit ans. J'avais rêvé si longtemps de cette jeune fille qui m'était destinée, et d'une belle vie à deux... Nous ne l'avons connue que pendant quinze jours, nous avons été séparés six mois, et ensuite, nous étions constamment dans l'état de jeunes parents et de futurs parents !

Le soir de notre mariage, nous avons pris la route, passant notre première nuit près de Fontainebleau. Le lendemain, à la hauteur de Valence, j'ai dit à Martine : « Si on allait voir Marthe, puisqu'elle est réveillée le dimanche, ce n'est qu'à vingt-cinq kilomètres. » Marthe Robin, stigmatisée, vivait en effet la Passion du Christ tous les vendredis. Elle était pleinement consciente du dimanche au jeudi. Dès notre arrivée, nous avons reçu l'autorisation de la rencontrer. Après avoir prié ensemble, elle nous parla de notre métier d'agriculteurs, puis elle nous dit :

« Vous allez en voyage de noces en Corse ? Qu'est-ce que vous avez comme voiture ?

– J'ai un cousin qui m'a prêté une sept chevaux traction avant.

– Pierre, soyez prudent sur les petites routes de Corse ; ne dépassez pas le trente à l'heure, il y a toujours des troupeaux de vaches qui sont couchés sur la voie, et vous pouvez avoir un très grave accident. »

Après avoir parlé de choses et d'autres, nous l'avons quittée après une dernière prière. Nous avons pris le bateau le lundi matin. Le jeudi à 18 heures, Martine exprima le souhait de dîner à Calvi. Je sortis la carte, comptai quatre-vingts kilomètres, et décidai d'y aller. Je fonçais, quand soudain j'ai repensé à la phrase de Marthe, j'ai freiné, freiné, et, dans le virage, un troupeau de vaches était couché, j'ai pu arrêter la voiture à moins d'un mètre !

À notre retour de voyage de noces, Maman avait les yeux rouges, j'ai pensé que quelqu'un était mort. Elle m'a expliqué la raison de son chagrin : la gendarmerie me recherchait depuis quinze jours. Comme ils me connaissaient un peu à cause des papiers que j'avais demandés pour mon mariage, ils m'avaient laissé le temps de notre voyage de noces. Je devais partir faire la guerre en Algérie douze jours plus tard !

XIII

GUERRE D'ALGÉRIE

En arrivant en Algérie, comme l'avait fait mon père dans son école en 1922, j'ai créé un groupe de prière avec six copains. Nous étions cent quarante militaires et nous couchions dans un hangar, une ancienne bergerie. Quand je suis arrivé, le lit voisin du mien était vide. Trois jours plus tard, est arrivé Christian, un jeune très sympathique avec qui je me suis immédiatement lié d'amitié. C'est avec lui que j'ai commencé ce groupe de prière et d'échange. À mon retour d'Algérie, quand j'ai développé une primo-infection, c'est à lui que j'ai fait appel pour me remplacer dans la gérance de la ferme dont je m'occupais. Nous sommes toujours restés amis. Il est mort depuis quelques années, mais j'ai encore eu sa fille au téléphone récemment. L'amitié vraie ne se détruit pas.

Cette guerre m'a beaucoup marqué, et je me rends compte maintenant que j'ai mis trente ans pour aimer à nouveau les Algériens, le monde arabe, musulman. J'ai eu beaucoup de mal à panser cette blessure intérieure.

Je peux comprendre aujourd'hui ceux qui éprouvent de la haine et ne parviennent pas à s'en débarrasser.

Un jour, à dix heures du matin, par un beau soleil, alors que j'étais en tête, avec mes gars, une balle m'a sifflé aux oreilles, elle est passée à sept centimètres de ma tête et s'est fichée dans un arbre à côté de moi. Les fellaghas nous voyaient sans que nous puissions les repérer. J'avais à côté de moi trois jeunes délinquants susceptibles de faire de la prison si leur conduite en Algérie n'était pas impeccable. J'ai fait coucher tout le monde. J'ai regardé sur la gauche et j'ai vu l'un de ces trois jeunes, puis j'ai tourné la tête de l'autre côté et j'ai vu briller au soleil la croix de séminariste épinglée sur la vareuse de mon chauffeur de camion. Ce dernier me faisait un signe car il avait vu que l'on m'avait tiré dessus. J'ai pensé alors que l'on était dimanche, que Martine, mon épouse, devait être chez ses parents, au salon, en train de tricoter la layette de notre premier enfant. Elle ne savait rien de tout cela, mais je venais de recevoir un signe par cette petite croix, j'étais en paix, je pouvais partir à l'attaque après avoir dit une brève prière. J'ai fait signe à mon peloton que l'on pouvait repartir, et le jeune de gauche m'a chuchoté : « À la castagne, à la castagne, à la castagne… » Je lui ai demandé alors de me donner la réserve de balles de son fusil-mitrailleur, puis je lui ai dit : « Vas-y tout seul, file devant. » Je l'ai retrouvé six cents mètres plus loin, derrière un bosquet, en train de pleurer parce qu'on lui avait tiré dessus ! Je lui avais laissé sa liberté. Cet événement l'a calmé.

Je commandais trente-cinq gars. Dès la première soirée, à mon arrivée en Algérie, nous avons encerclé plusieurs centaines de fellaghas, avec quatre mille militaires français.

Pour passer la nuit, nous avions ordre de mettre quatre gars de garde, et trente et un au repos. J'avais les oreilles qui bourdonnaient. J'ai refusé les ordres et j'ai voulu que dix-sept gars au moins montent la garde. Bien sûr, j'en étais. J'ai tout entendu : « Fayot, tu as peur, tu arrives de France, tu as la trouille, etc. » J'ai rappelé que c'était moi qui donnais les ordres, et j'ai placé dix-sept hommes en cercle autour de nous, un tous les cinquante mètres. J'ai demandé aux autres de dormir, et j'ai dit que je veillais avec le radio. Mes oreilles bourdonnaient toujours. À minuit un quart, j'ai entendu :

« Poste 337, poste 337.

– Oui.

– Les fellaghas sont en train de passer contre vous, tout le monde sur le pied de guerre ! »

J'ai demandé au radio de mettre en alerte les dix-huit hommes qui dormaient, qu'ils s'arment et qu'ils attendent les ordres. Je suis ensuite allé voir la première sentinelle au nord, je lui ai posé la question : « As-tu vu quelque chose ? – Non. » J'ai fait cinquante mètres pour voir la sentinelle suivante, même dialogue, la troisième avait vu quelque chose, mais étant seule, n'avait pas osé tirer. J'ai fait encore dix mètres, et je suis tombé sur un fellagha, recroquevillé à mes pieds avec la mitraillette braquée sur mon ventre. C'était mon premier soir, et il fallait que je tue un homme ! Je me suis dit : « Je ne peux pas... » puis : « Peut-être parle-t-il français ? » J'ai demandé bêtement : « Qu'est-ce que tu fais là ? », il m'a répondu : « Tirez pas, sergent, c'est moi, untel. » C'était la sentinelle ! Placée cinquante mètres plus bas, elle avait entendu des bruits et se rapprochait de l'autre sentinelle pour se rassurer. Logiquement, cet homme aurait dû me tuer lui aussi car j'arrivais sur lui dans l'ombre comme un fellagha. Le lendemain, je lui ai dit : « Tu sais, pour cette désertion de poste, tu relèves du conseil de guerre et tu risques une peine de trois ans de prison, sinon c'est quarante-huit heures au "garde-à-vous" dans la cour de la caserne au retour. Qu'est-ce que tu choisis ? » Il a choisi le « garde-à-vous ». Ses copains venaient toutes les deux heures demander sa grâce, je refusais. Il est tombé évanoui au bout de trente-six heures, et j'ai alors levé la punition. J'ai eu ensuite des gars impeccables. Et quand nous faisions des opérations, ils m'ont toujours obéi, comprenant que, la première nuit, j'avais eu une bonne intuition. Sur trente-cinq gars, je n'ai eu ni tué, ni blessé malgré tous les combats que l'on a menés.

Bien que l'on ait parlé de « pacification », nous étions bien dans une situation de guerre, et il y a eu des morts. Ce qui est toujours resté fondamental pour moi dans cette guerre, c'est que mes hommes ne se fassent pas tuer. Je ne pouvais pas le supporter.

En Algérie, je suis à deux reprises tombé, à l'improviste, une fois sur un capitaine, et une fois sur un adjudant-chef, qui torturaient un prisonnier. Mon réflexe immédiat a été d'armer aussitôt ma mitraillette, et de la leur poser sur le ventre en leur disant cette même phrase : « Arrêtez immédiatement, sinon vous allez mourir "pour la France" et vous serez décoré à titre posthume ! » Évidemment, je ne les ai pas tués, mais ils se sont calmés ! Il y a à peine deux ans que j'ai pu enfin rouvrir le carnet dans lequel, à l'époque, je prenais quotidiennement des notes. Lorsque je les relis, quarante-six ans après, je ne peux m'empêcher de pleurer.

Un 17 décembre, nous étions en réserve, et c'est mon groupe qui est tombé sur quatre cents fellaghas alors que nous étions trente-cinq. Le combat était engagé, il était 5 heures du soir, la nuit tombait. Un bombardier français est passé. Un avion de la fin de la dernière guerre doté de bulles extérieures transparentes qui permettaient de voir le mitrailleur et sa mitrailleuse. Il était à quinze mètres au-dessus de nous, nous pouvions compter les écrous des roues repliées sous l'avion. Ils ont mitraillé devant nous et ils ne sont pas revenus car la neige s'est mise à tomber. Nous étions en culottes courtes et en chemisettes, et nous n'avions pas de chandails. Nous brûlions de l'alfa pour nous réchauffer sous le nez des fellaghas qui étaient à cinquante mètres. On allait même chercher ces grandes herbes de leur côté ; je suis passé sur le corps de l'un d'entre eux, mort. Nous avons fait cinquante-quatre prisonniers. Je n'avais pas eu à tirer parce que mon métier était de m'occuper des hommes et de diriger le combat. Quant au sort de nos prisonniers, je ne tiens pas à en parler. Toutes les histoires de torture que l'on évoque actuellement n'ont jamais été le fait de notre régiment mais il nous a malheureusement été donné à plusieurs reprises d'en être les témoins.

Quelques jours après, nous avons su qu'une station d'eau allait être attaquée à minuit. À 1 heure du matin, l'attaque n'ayant pas eu lieu, le capitaine m'a ordonné de partir avec mes trente-cinq hommes, qui avaient aussi peur que moi. Ils me disaient : « C'est vous le chef, c'est vous qui passez le premier. » On m'a alors mis dans la main une grenade dégoupillée. Je m'en suis étonné, et on m'a expliqué qu'ainsi, si j'étais poignardé, je tomberais sur ma grenade qui exploserait, les autres sauraient alors où aller se battre ! À 1 heure du matin, j'ai pris la tête de mes hommes. La marche durait trois heures, et, une fois partis, nous ne pouvions plus revenir sur nos pas. J'étais la proie d'hallucinations. Je voyais un arbre mort et me disais : « C'est un fellagha qui avance. » Je voyais un éclair de verre dans la lune, et pensais : « C'est un fellagha en train de m'épauler. » Je butais sur un âne, je croyais que c'était un gars qui se levait, c'était un véritable cauchemar ! J'étais dans la seconde partie de cette mission, avec mes trente-cinq gars, quand, soudain, j'ai vu tout en clair, malgré la nuit, une espèce d'illumination. La nuit suivante je n'ai pas dormi une seconde, celle d'après non plus. J'avais totalement perdu le sommeil. On m'a emmené à l'hôpital où l'on m'a dit que cela avait été déclenché par un traumatisme émotionnel.

Pendant quarante et un ans, je n'ai dormi qu'en prenant des médicaments. J'ai été guéri, il y a quatre ans, par une kinésiologue qui m'a rendu le sommeil en sept séances. La kinésiologie est une méthode qui permet d'obtenir des informations sur le corps et sur le psychisme à partir de l'utilisation de la science des tests musculaires. Curieusement, lors de la dernière séance, elle m'a dit que quelque chose avait eu lieu lorsque j'avais un mois de conception. Je me suis souvenu que ma mère, jeune fille de bonne famille, s'était mariée âgée d'à peine dix-huit ans. Les médecins lui avaient interdit d'avoir un enfant avant l'âge de vingt-trois ans, car elle était trop fragile. Quelques mois après, elle a dû avouer qu'elle attendait son premier bébé. Ses parents se sont fâchés. Quand, huit mois après la naissance d'Hubert, elle s'est retrouvée enceinte, ils étaient furieux, et Guy est arrivé. Quinze mois après, elle fut de nouveau enceinte, cette fois de moi, cela fut un véritable drame familial. Maman avait vingt-deux ans, et il semble qu'à un mois de conception, j'ai subi le contrecoup de cette critique de mes grands-parents. Si je le raconte, c'est parce que je pense que nous avons beaucoup à apprendre sur la vie intra-utérine, et qu'il est important d'être attentif à cette période d'une vie humaine.

XIV

RETOUR D'ALGÉRIE

Après six mois d'Algérie, et d'insomnies, je n'en pouvais plus. J'ai pu rentrer car une situation m'attendait. Il s'agissait d'aider le fils d'un ingénieur en aéronautique qui travaillait chez Bréguet. Sa famille lui permettait de se lancer dans l'agriculture. Je devais y rester deux ans, mais au bout de huit jours, ma santé n'était vraiment pas bonne, et les examens que j'ai subis ont révélé une primo-infection. Mes deux poumons, « découpés en tranches » par la radio, étaient parsemés de petites taches, comme si j'avais reçu un coup de fusil de chasse.

J'ai appelé Christian, mon copain d'Algérie, qui cherchait une ferme à reprendre, et il est venu me remplacer pendant six mois. Et j'ai pu l'indemniser, car le propriétaire m'a dit : « Je ne vous en veux pas d'être malade. Vous vous êtes fait remplacer par un ami, je continue à vous payer. Si dans un an vous n'êtes pas guéri, nous verrons, mais, pour l'instant, nous continuons comme cela. » Au bout de six mois, j'ai pu me relever, et il m'a renouvelé mon contrat.

Christian est mort d'un cancer généralisé, il y a cinq ans. Nous nous étions réunis à plusieurs agriculteurs pour acheter des friches dans le Morvan, et nous l'avions installé comme gérant participant aux bénéfices. Il a eu par la suite cent trente vaches à veaux. À sa mort tout a été dispersé. La situation des éleveurs était devenue trop mauvaise.

XV

NOTRE FERME

Quand je me suis installé dans notre ferme de l'Aube en 1959, j'avais l'expérience de la ferme à côté de Sézanne dans laquelle j'avais travaillé. Je suis arrivé avec deux camions de bêtes, et deux gros rouleaux de fil de fer barbelé. J'ai entouré un hangar de cinq rangs de fils barbelés tandis que mes bêtes attendaient dans le camion. J'ai déversé mes premières trente-six génisses hollandaises dans ce hangar. C'était parti ! À cette époque de ma vie, j'aurais fait de l'élevage à Paris sur le Champ-de-Mars s'il avait fallu : je ne pensais qu'à cela !

Nous avons pu avec l'aide de ma belle-famille devenir propriétaires du quart de la ferme, le reste étant acheté par une banque.

J'ai tout défriché. Le plan parcellaire de l'époque était amusant, car, sur la ferme, il y avait quarante-deux propriétaires différents. J'ai pu échanger peu à peu toutes les parcelles sauf le boqueteau devant la maison qui appartenait à trois propriétaires détenant chacun onze ares ! À la fin, nous possédions soixante-quinze hectares et les bâtiments. Chacun de ces échanges m'avait demandé en moyenne six à sept visites par personne. Les autres parcelles m'ont été attribuées d'autorité par le remembrement.

Il m'a fallu me battre avec les banques pour obtenir les prêts qui m'étaient nécessaires. En 1965, le général de Gaulle a institué des prêts pour relancer l'élevage, et j'ai constitué cinq énormes dossiers de demande pour la construction d'un grand hangar et d'une petite usine d'alimentation. J'ai obtenu cinquante-trois millions de centimes à 3 % sur vingt ans. Cela m'a permis de lancer un élevage de cinq-cent-cinquante taureaux. J'avais douze salariés, et j'ai institué avec eux un système de participation financière.

Si j'ai souhaité partager les bénéfices de mon entreprise avec les salariés, c'est à cause de ma propre expérience d'ouvrier agricole. Mon père m'avait demandé avant de me lancer définitivement dans l'agriculture de travailler six mois comme charretier, six mois comme vacher, six mois comme garçon de cour, puis six mois chez un marchand de bêtes, tout cela afin de m'assurer de ma vocation... Je suis parti en stage, dans les Ardennes, chez un éleveur. Il me payait deux cents francs anciens par mois, et, quand je suis devenu vacher après avoir été charretier pendant six mois, j'ai passé un contrat avec lui. Il vendait les veaux cinq cents francs, et je lui ai dit : « Si cette vache fait un mâle, vous me l'échangez contre deux mois et demi de travail, plus six mois pour le petit lait et le lait et trois mois pour son foin, son orge, etc. » Je n'ai donc pas été payé pendant onze mois. Un jour, à 10 heures du soir, alors que, dans mon wagon de troisième classe, je rentrais de Paris à Sedan chez ce patron, je me suis demandé pourquoi je me sentais si heureux, pourquoi je sifflotais en me regardant dans la vitre du compartiment qui reflétait mon visage. Et j'ai soudain compris que c'était parce que j'avais dans cette ferme ma bête à moi au milieu des deux-cent-quarante bêtes du patron ! C'est là que je me suis juré de partager avec ceux qui travailleraient plus tard pour moi, pour qu'ils aient une bonne raison d'être heureux chez moi.

Voilà pourquoi j'ai, dès mon arrivée en 1959, organisé une participation financière pour ceux qui travaillaient dans la ferme. Cela m'a été rendu de façon extraordinaire lorsqu'en 1976, à quarante-trois ans, j'ai eu une crise cardiaque. L'un de mes ouvriers, formé à l'intéressement, à la comptabilité et à la prise de décision a, en effet, pris les choses en main : il a vendu pour un million de francs de taureaux, il a payé les salariés, les engrais, il a encaissé l'argent de la vente des bêtes, tout cela alors que j'ai passé douze jours en réanimation à l'hôpital de Troyes, et que, pendant l'année qui a suivi, je n'ai pas eu plus d'une heure de lucidité par jour pour le travail ! Et la ferme a tourné. C'était l'esprit de notre entreprise, et, malgré quelques échecs, cela s'est avéré très positif.

XVI

NOS SIX ENFANTS

L'aînée, Florence, née en 1957, vit dans l'ouest de la France avec son mari, Guillaume, chirurgien pédiatrique. Ils ont cinq enfants, dont les deux aînés font déjà respectivement des études de chimie et de médecine. Florence, avant son mariage, était psychomotricienne dans un centre d'enfants handicapés. Aujourd'hui, elle fait partie du conseil municipal de sa petite ville de trois mille habitants, et s'occupe des questions sociales.

Nathalie, née en 1959, est mariée à Étienne, aujourd'hui responsable logistique. Ils ont trois enfants. Institutrice, Nathalie travaille avec des adolescents présentant un retard mental. Ceux-ci connaissent un réel épanouissement grâce à ses méthodes de travail et à sa grande gentillesse.

Jean-Côme, né en 1960, a fait l'École d'agriculture d'Angers. Passionné par l'être humain, il est allé en Inde rencontrer Mère Teresa. Puis, quelque temps après, il a fait la route Troyes-Jérusalem à pied. C'est une route de la paix que, depuis 1972, des jeunes parcourent deux par deux pendant trois cent trente jours. Nous accueillons les marcheurs passés et futurs une fois par an à la maison. Jean-Côme a épousé Sophie, mère de deux garçons de neuf et onze ans, dont le mari, âgé de vingt-sept ans, était décédé d'une maladie grave. Ils ont eu trois filles. À eux deux ils ont créé une maison d'accueil pour des séminaires, des rencontres familiales…

Dorothée est née en 1962. Elle a fait une école de tourisme, et elle est mariée depuis seize ans avec Bernard, un passionné d'informatique, qui a lancé avec deux amis une entreprise florissante. Il monte maintenant une autre société au Canada où il s'est établi avec sa femme et ses trois garçons qui sont nés avec l'informatique dans la peau !

Franck est né en 1963. Diplômé de L'EDHEC de Lille, il a tout quitté après trois années chez Péchiney pour se lancer dans une activité de formation à but humanitaire en Haïti. Sa femme, Armelle, également diplômée de L'EDHEC, et son premier enfant, l'ont accompagné. À l'heure où j'écris ces lignes, le cinquième est pour bientôt. Après Haïti, ils ont passé trois ans à Manille pour développer un système de micro-crédit qui permet aux familles les plus pauvres d'obtenir des prêts pour leur activité professionnelle. Aujourd'hui, il a lancé dans le même esprit l'association Entrepreneurs du monde, pour l'Inde et l'Afrique.

Ludovic, notre sixième, a fait l'École d'agriculture d'Angers puis l'Institut de philosophie comparée à Paris. Il a ensuite enseigné la philosophie dans une école d'agriculture de l'Aisne. En 1995, il a dû choisir entre reprendre notre exploitation ou accepter des propositions professionnelles très valorisantes pour lui dans le domaine de l'enseignement. Nous avons été contents quand il a opté pour l'agriculture. Marié avec Céline, cadre bancaire, il est père de deux petits garçons.

Notre famille s'est agrandie au cours des années avec ceux que nous appelons notre « famille de cœur ».

En juillet 1968, Anna était venue passer un été chez nous et ne voulait plus repartir. Elle nous disait qu'elle voulait désormais s'appeler Renaudin. Elle vit au Canada dont elle est originaire, et vient de temps à autre, avec son fils, pendant les vacances d'été, rendre visite à ses « frères » et « sœurs ».

Quant à Kahn, il est arrivé à la maison un samedi de 1975, avec notre fille Nathalie qui avait fait sa connaissance dans le train Paris-Troyes. Évadé du Vietnam, il n'avait aucune relation en France et venait à Troyes avec une inscription à l'IUT (Institut universitaire de technologie). Il ne savait même pas où aller dormir. Pour notre joie, il a partagé notre vie pendant trois ans, en revenant à la maison chaque week-end. Avec son premier salaire, il nous a offert une caisse de champagne. Marié, il a deux enfants qui, quand ils étaient petits, nous appelaient Papy et Mamie.

Enfin, en 1977, à la fin d'une prière dans le cadre du Renouveau charismatique, ma voisine a demandé qui pourrait accueillir avant le lendemain matin un jeune Vénézuélien de quatorze ans. Je lui ai donné un coup de coude en lui glissant : « C'est d'accord ! » Le lendemain, je suis allé chercher Milton. Pendant trois ans, il est allé avec nos trois fils au collège des jésuites de Reims. Puis son père est venu un jour pour le remmener dans son pays d'origine, le Venezuela. Il est revenu parmi nous à l'occasion des fiançailles de Ludovic, il y a trois ans. Et lui-même s'est marié cet été aux États-Unis.

Anna, Kahn et Milton sont chers à nos cœurs et font vraiment partie de notre famille.

XVII

MEMBRE DU BUREAU NATIONAL DES PARENTS D'ÉLÈVES DE L'ENSEIGNEMENT CATHOLIQUE

Père de famille nombreuse, je me suis investi dans une association de parents d'élèves, et j'ai été président des parents d'élèves des deux écoles Saint-Pierre à Troyes, puis vice-président du département, puis vice-président académique de la région de Reims. De là, j'ai été élu membre du Bureau national des APEL. J'ai proposé et préparé l'un des quatre sujets du congrès d'Angers, sur « l'être humain », soit près de quatre cents heures de travail personnel ! Et c'est à la suite de ce congrès qu'épuisé, j'ai eu ma crise d'angor au cours d'une chasse en Sologne à l'automne 1976. Je faisais deux cent quarante réunions par an après le dîner, j'étais responsable de sept départements. Et mes enfants, pensionnaires, ne se sont même pas rendu compte que j'étais à l'hôpital en rentrant le samedi, car, de toutes façons, je n'étais jamais là. Ce n'était pas très raisonnable. Pourquoi avais-je accepté tant d'engagements à côté de ma vie familiale et de mon activité d'agriculteur ? Sans doute parce que je voyais mon métier comme un tremplin assurant la vie matérielle de ma famille, et me permettant aussi de me consacrer à d'autres choses dans la vie.

XVIII

MAIRE DE MON VILLAGE

Pendant vingt-trois ans, j'ai été maire de mon village. Je me suis passionné pour cet engagement au contact et au service des gens qui vivaient autour de notre ferme. Le rôle d'intermédiaire entre les particuliers et les administrateurs m'a semblé particulièrement précieux. Au cours de ces mandats, j'ai dû résister plusieurs fois aux autorités de l'État dans le département de l'Aube. J'ai, entre autres, défendu le directeur de la Fédération des exploitants attaqué en justice. Cet homme, intègre et capable, a été sali de façon calomnieuse par des accusations sans fondements qui sont venues détruire sa vie de famille. J'ai été l'un des rares à le soutenir, nous avons eu sept procès, nous sommes allés jusqu'en Conseil d'État, et nous avons gagné au bout de sept ans.

À la suite de cela, au moment de la construction de l'autoroute A 26 qui passait sur le territoire de ma commune, j'étais donc assez mal vu des autorités. Ma tâche de maire, responsable du remembrement des parcelles agricoles, n'en a pas été facilitée.

Un jour, les autorités de l'État ont décidé de modifier le tracé prévu pour l'autoroute, en créant un virage très serré sur le territoire de notre commune. Les agriculteurs, qui n'étaient pas d'accord, furieux du manque de concertation, se sont livrés à des actes de rébellion en arrachant, avec leurs tracteurs, les bornes de béton coulées dans la journée pour aller les cacher dans les bois. J'ai conservé des photos montrant les agriculteurs qui attendent à la queue leu leu devant l'estafette des gendarmes pour y subir un interrogatoire...

De fil en aiguille, j'ai été amené à convoquer dans l'urgence le conseil municipal, et nous avons décidé de prendre un avocat dijonnais spécialisé et d'intenter un procès à l'État. L'avocat a passé deux jours à la DDE pour étudier le dossier. Le deuxième soir, convoqué par le préfet, l'avocat lui a annoncé qu'il avait déjà relevé huit anomalies administratives sur la moitié du projet de la traversée de l'autoroute dans l'Aube et que, s'il continuait ses recherches, ce ne serait pas bon pour l'image de l'État. Le préfet lui a demandé d'arrêter, et lui a dit que l'autoroute reprendrait le tracé qui s'approchait le plus de notre demande.

Dans la période précédant le travail de l'avocat, je lui ai préparé un dossier détaillé en lui donnant tous les éléments. Subitement, face à ce bilan et à cette accumulation de problèmes, j'ai « pété les plombs ». Je n'en pouvais plus, et je me suis levé avec l'intention de mettre fin à mes jours. Mais, en sortant dans la cour, sous la pluie, j'ai vu un seau posé à l'entrée de la maison, et j'ai pensé qu'il me fallait cueillir de la mâche pour aider Martine à faire son déjeuner. En épluchant ensuite ma mâche sous la pluie, assis sur un fauteuil de jardin, j'ai petit à petit repris mes esprits et renoncé à mes idées funestes. Mais ce fut une chaude alerte, et un indice que mon équilibre moral était devenu fragile. J'ai repensé à un oncle qui avait promis de faire le trajet Paris-Lourdes à pied si son fils guérissait, et qui avait réalisé cette promesse à cinquante ans, trente ans après son vœu. Après ce que je venais de vivre, j'ai donc décidé d'en faire autant, et je me suis mis à m'entraîner à la randonnée.

XIX

TROYES-LOURDES À PIED

Après six jours d'entraînement, j'avais repris mon calme et je me sentais en parfaite santé, je suis donc parti à Lourdes à pied. C'était le 3 janvier 1993. Je suis arrivé à Lourdes le 26 janvier, après avoir marché au total pendant neuf cent trois kilomètres. Après m'être baigné dans la piscine, j'ai repris le train à 11 heures, et je suis arrivé chez moi à 21 heures. J'y ai retrouvé tous mes enfants réunis pour une petite fête familiale. Je me suis rendu compte que la vie quotidienne d'un marcheur offrait l'occasion d'observer bien des choses amusantes ou intéressantes. J'ai vu des biches, des cerfs et toutes sortes de petits animaux... Et j'ai ainsi connu une existence différente, nourrie de rencontres, de surprises, de liens d'amitié qui se nouent...

J'avais choisi de faire ce voyage sans avoir à me soucier du quotidien, j'avais donc prévu l'argent nécessaire aux repas et à l'hébergement. Je disposais de nombreux points de chute, et, dans la seconde partie du voyage, après cinq cents kilomètres, j'ai essayé, sur les conseils de

Martine, de rencontrer des gens nouveaux, et de chercher à prendre contact avec les prêtres des endroits où je m'arrêtais. Je m'en remettais un peu à la Providence. Ce voyage a été une source de grâces quotidiennes et merveilleuses.

Deuxième partie

LE CHRIST S'EST RÉVÉLÉ À MOI

Si je crois profondément que je guérirai toujours avec Marie et le Christ, c'est parce que, dans le Credo, nous affirmons que nous croyons qu'Il est descendu aux Enfers. Et moi, je crois qu'Il est descendu dans mon enfer, dans ma maladie, dans mes cellules, et même, qu'Il y habite continuellement. C'est la foi que j'ai acquise en soixante-dix ans de vie. Et cela me donne envie de partager ce qui a été une révélation radicale : le Christ vit en moi, *le Christ est en chacun de nous.*

Je te remercie, Seigneur, de m'avoir fait ouvrier de ton désir. Chaque minute, chaque instant depuis le 19 octobre 1999, date à laquelle j'ai appris que j'avais une tumeur au foie, me fait penser que je suis vraiment entre Tes mains, et que c'est bien avec Toi que j'écris ces quelques lignes. Je ne garderai pas cela pour moi car je sens que ce que j'ai écrit peut aider des hommes et des femmes qui traverseront les mêmes épreuves. J'ai aussi envie de dire combien le fardeau de la maladie s'allège lorsque nous le partageons avec Toi.

XX

LE CHRIST S'EST RÉVÉLÉ À MOI

J'en viens à cette révélation si importante pour moi, qui gouverne maintenant toute ma vie. Cela a commencé en 1981. Je traversais une période de ma vie de couple au cours de laquelle j'étais las de tout, même de notre amour. Ma femme et moi en avons parlé, et nous avons décidé d'un commun accord, en juin 1981, de rencontrer le Père Étienne Garin, un jésuite, qui organisait une retraite à partir des Exercices de Saint Ignace. Ceux-ci durent habituellement quarante jours. Ils sont répartis dans le temps. D'abord une retraite d'été de vingt et un jours, puis trois rencontres de trois jours pendant l'hiver, et enfin dix jours l'été suivant. Cela se passe habituellement dans les monts du Lyonnais. Nous étions soixante-trois retraitants, répartis en sept groupes. Le Saint-Esprit a certainement suggéré à Étienne de nous prendre, lorsque nous sommes venus lui parler de la situation de notre couple. Et nous sommes arrivés sur les lieux de la retraite, qui, exceptionnellement cet été-là, se faisait en Bretagne pour une question de logement.

Le quinzième jour au matin, Étienne Garin nous a annoncé que nous allions vivre une journée de silence, d'écoute, une journée où nous demanderions à l'Esprit-Saint de nous parler. « Vous allez partir dans la nature. Il fait beau. Soixante-trois petits sacs de nourriture ont été préparés, vous en prenez un et vous passez la journée à écouter ce que l'Esprit vous dira, que ce soit à travers une personne rencontrée, que ce soit dans le silence de votre cœur ou que ce soit à travers une situation imprévue qui se présente à vous. Vous pouvez aussi ne pas prendre de sac de nourriture et vous faire inviter à déjeuner. Recevez de l'Esprit ce qu'Il veut vous dire dans cette rencontre. » Vers dix heures, nous avons quitté la salle où nous étions réunis. Je suis passé devant les sacs de nourriture dans lesquels je pense avoir vu une banane, une boîte de pâté et une portion de fromage. Mais j'avais envie de jouer le jeu, et j'ai décidé de partir sans rien et de me faire inviter.

Je me suis retrouvé sur la route, avançant du pas du chasseur alpin : six kilomètres à l'heure, c'est du rapide ! Dans ce cas, on n'a pas le temps de penser, on marche, on marche, le paysage change, le ventre commence à crier famine, quelle heure est-il ? Bigre, 12 h 50 ! Je dois être à vingt kilomètres du point de départ. J'ai faim. Il n'y a rien à l'horizon et je continue donc ma route. Dans un tournant sur la droite, je trouve un chemin de terre qui monte, et un jeune garçon qui le descend prudemment à vélo. Je lui fais un signe pour qu'il s'arrête, ce qu'il fait, en posant un pied au sol. Je lui demande :

« Tu habites là ?

– Oui, là-haut.

– Tu m'invites à déjeuner ? »

Il se redresse sur son vélo et part à toute allure après m'avoir crié : « Sale con ! »

Me voici planté sur une route goudronnée, le ventre vide, et pas une maison à l'horizon. Et en plus, quelqu'un vient de me traiter de « sale con » ! Sur ma gauche se trouve une grande pâture dans laquelle coule un petit ruisseau. Des vaches brunes et blanches broutent. Et je suis là. Je m'assieds pour contempler ce paysage paisible. Quelle heure est-il ? Treize heures. Si j'étais chez moi, je regarderais tranquillement la télévision assis dans un fauteuil, le ventre plein, tandis que là... Soudain je me rappelle la phrase d'Étienne Garin : « L'Esprit-Saint vous parlera aujourd'hui. » J'ose alors dire : « Seigneur, parle-moi. D'habitude, à cette heure-ci, j'écoute les informations, mais là, c'est le silence. » J'entends alors une petite voix intérieure qui me dit :

« Tu es triste ?

– Oui, Seigneur.

– Tu es seul ?

– Oui, Seigneur.

– Eh bien, moi, cela fait quarante-neuf ans que je vis en toi, et je suis prisonnier, je suis triste et seul aussi, j'ai besoin de tes oreilles pour entendre ceux qui appellent, j'ai besoin de tes yeux pour voir ceux que tu rencontres, j'ai besoin de ta bouche pour parler. Je n'ai rien de tout cela. Je suis prisonnier en toi. »

J'ai reçu un coup terrible sur la tête ! « Seigneur, Tu es vivant en moi et Tu ne peux rien faire... *Mais alors, Tu es aussi vivant dans tous les êtres du monde entier !* Seigneur, je veux te prêter mes yeux pour que Tu voies, je veux te prêter mes oreilles pour que Tu puisses entendre ceux qui appellent, je veux te prêter ma bouche pour que Tu puisses t'exprimer. » Je me suis rappelé alors ce que j'avais écrit en 1955 à l'École d'agriculture de Grignon où j'étais auditeur libre. Sur une règle de vie que je m'étais faite, j'avais noté : « Seigneur, je veux être un tabernacle ambulant, Te porter partout où j'irai. Je veux vivre Ta présence en moi. » « Seigneur, parce que Tu es vivant en moi, Tu es vivant dans tous les êtres du monde entier, donc, je peux Te rencontrer dans les autres. Je peux Te prier, Toi qui es présent dans le cœur de mes enfants, je peux Te demander de te révéler à eux à chaque instant du jour ou de la nuit, où qu'ils soient, dans le monde entier. Je peux Te demander de Te révéler dans le cœur de mon préfet de région que je dois rencontrer dans un mois pour que Toi, tu fasses la préparation de cette rencontre, que par Toi, la communion d'amour soit faite entre lui et moi. Je peux Te demander qu'à cet instant précis, là où est le président de la Russie, tu Te révèles à lui pour que, dans les décisions qu'il a à prendre, l'Amour soit présent. Seigneur, je ne veux plus Te quitter, je suis responsable de Toi. »

Quelle joie de redécouvrir tout cela ! « *La vie me paraît soudain belle, merveilleuse, d'une dimension universelle grâce à Toi présent en moi et en l'autre.* » Je peux ainsi être en communion d'amour avec le monde entier. En rentrant vers 17 heures, l'estomac vide, j'ai l'impression intime d'être un tabernacle. Cela ne me quittera plus et s'amplifiera de mois en mois, d'année en année. Car chaque fois que je laisse le Christ prendre sa place dans mes yeux, dans mes oreilles, dans ma bouche, dans mon esprit, tout n'est que grâce. Mais il m'arrive aussi souvent de ne pas être humainement en état de le faire.

XXI

VIVRE AVEC LE CHRIST TOUS LES ÉVÉNEMENTS DE MA VIE LA PÉDAGOGIE DU CHRIST

Moins d'un mois après, le Christ m'offrait par deux fois l'occasion d'expérimenter cette révélation, en me surprenant au cœur même de mes faiblesses. Il m'a amené à reconsidérer le regard que je portais sur les femmes, et il m'a obligé à dépasser la répulsion instinctive que j'éprouvais envers certaines personnes.

Marqué par l'éducation donnée par ma mère, qui nous demandait à mes frères et à moi de préserver notre virginité jusqu'à ce que le Seigneur nous accorde l'épouse qu'il nous fallait, il ne m'a pas toujours paru facile de demeurer insensible à l'attrait des femmes qui m'entouraient. Jeune homme, j'avais plaisir à regarder les jolies filles. Cela me fait penser à l'histoire de ces deux prêtres alsaciens qui croisent sur la route une jolie fille. « Oh, *schön*, dit l'un. – Et abstinence », répond l'autre ! Moi aussi, j'ai vécu « *schön* et abstinence » jusqu'à mon mariage !

Ainsi, peu de temps après cette retraite de 1981, qui m'avait révélé la présence permanente du Christ en moi, je croisai dans la rue une femme attirante et, sentant venir le trouble, je dis au Christ : « Je Te prête mes yeux pour la regarder. » Aussitôt, elle devint pour moi porteuse du Christ, et je retrouvai la paix. Je n'avais plus pour elle le même regard. Comme moi, elle possédait en elle le Christ, comme moi, elle était tabernacle. Par cet événement, le Christ m'apporta la sérénité.

Un mois après, je changeais de ligne de métro à Paris, et, en arrivant à la station Opéra sur un quai bondé, alors que tout le monde faisait un détour pour s'écarter d'un clochard, barbu et sale, un énorme « soulard » qui rotait, avec une bouteille de vin dans chaque main, j'ai commencé à faire de même et à m'écarter de lui. Il heurtait mon sens de l'esthétique. Après avoir fait deux pas, j'ai dit intérieurement au Christ qui m'habite : « Je Te laisse mes yeux pour le regarder, mes oreilles pour l'entendre, et ma bouche pour que Tu puisses lui parler. » Et je me suis assis à côté du clochard. Celui-ci m'a regardé une fois de haut en bas, puis de bas en haut, m'a fixé, et a finalement prononcé cette phrase incroyable : *« Dis-moi ce qui t'habite !* » Je lui ai alors raconté ce qui s'était passé, et je lui ai dit que je saluais le Christ qui nous habitait. Ce fut tout. Je l'avais rencontré. Le Christ m'a appris à changer mon regard, et j'ai appris ce jour-là à aimer toutes les personnes quelles qu'elles soient, belles ou moins belles, grosses ou maigres, riches ou pauvres.

XXII

AFFRONTER UN RENDEZ-VOUS DIFFICILE AVEC LE CHRIST

La troisième rencontre eut lieu environ un mois plus tard. Ma mère me téléphona pour me dire que les trois voisins de sa maison de campagne exigeaient qu'elle coupe intégralement sa haie de thuyas. Cette haie était en effet plantée à moins d'un mètre soixante-quinze de la limite de la propriété. La loi disait bien que si les arbres étaient plantés à moins de deux mètres de la clôture, ils ne devaient pas dépasser deux mètres de haut. Or ceux-ci mesuraient entre huit et dix mètres. Maman était désolée et ne savait que faire. Ses voisins l'avaient convoquée le lendemain à 11 heures chez l'un d'entre eux. Ces arbres, Maman les aimait, elle les avait plantés avec mon père, et elle les connaissait depuis plus de trente ans. Que pouvais-je faire pour la défendre ?

J'ai immédiatement pensé qu'il me fallait mettre Dieu dans le coup, Lui qui était dans le cœur de ma mère, dans le cœur de ces trois propriétaires. Je demandai alors à ma mère d'inviter Dieu à ce rendez-vous. « Il est dans notre cœur, Il est dans le cœur de ces trois propriétaires, qu'Il fasse entre nous la communion d'amour et tout ira bien. Fais cette prière, Maman, et fais l'acte de foi de croire que tout ira bien. À demain, je serai là à 10h45 pour t'accompagner. » De mon côté, je fis la même prière, laissant le Christ gérant de cette rencontre. Je n'avais plus à rien à craindre, tout irait bien.

Le lendemain, en compagnie de ma mère qui tremblait comme une feuille dans le vent, nous nous sommes rendus chez le propriétaire qui nous avait convoqués. Nous avons découvert nos arbres vus de leur côté, ils étaient effectivement bien hauts, et ils faisaient beaucoup d'ombre. Nos voisins avaient raison de vouloir les couper. Et, en plus, la loi était pour eux. Leur requête était justifiée.

Ils étaient là tous les trois, assis autour d'une table. « Madame, monsieur, vous savez pourquoi nous vous avons fait venir : vous avez constaté qu'à 11 heures nous sommes déjà plongés dans la pénombre, et la loi est pour nous. Nous discutons depuis une heure et nous avons arrêté ce qui suit : nous sommes partis du principe que vous deviez ignorer la loi lorsque vous avez planté ces arbres, nous avons pensé que vous les aimiez, et nous ne voulons pas vous causer d'ennuis. Mais si vous pouviez couper les deux ou trois branches qui plongent sur notre terrain, nous ne vous en demanderions pas plus. Nous ne voulons pas vous faire de mal. »

Ma mère est restée interloquée ! Moi je pensais à Dieu qui avait accueilli ma prière faite avec foi de créer la paix entre eux et nous. Dans les deux mois qui ont suivi, je suis retourné dans cette maison de campagne et j'ai coupé les branches litigieuses. J'ai aussi largement étêté tous les thuyas afin que le soleil entre mieux dans leur jardin.

Quelques mois plus tard, j'ai revécu la même aventure mais en de plus larges proportions. Un voisin était venu me trouver, pour que, en qualité d'agriculteur, je l'aide à régler un problème épineux. Il venait de signer le renouvellement des baux ruraux à ses fermiers. Or il avait un besoin urgent d'argent, et il venait de décider de vendre des terres. Les fermiers acceptaient de les acheter. Mais puisque les terres venaient de leur être relouées, elles avaient perdu de ce fait la moitié de leur valeur, passant de 23 000 à 10 000-12 000 F l'hectare. J'acceptai de l'accompagner le lendemain à 14 heures pour effectuer cette transaction avec les fermiers. Mais je lui demandai auparavant s'il consentait à demander à Dieu qui habitait dans le cœur des fermiers, qui habitait dans mon cœur, qui habitait dans son cœur, de faire la communion d'amour dans nos cœurs, et s'il voulait bien Lui dire : « Je crois. » Je savais que lui pouvait le faire.

Le lendemain, je me suis rendu chez lui, et l'ai accompagné à son rendez-vous. Les agriculteurs nous ont accueillis en disant :

« C'est désolant pour vous, mais comme vous le savez, plus une terre s'approche de la fin de sa période de location, plus elle a de valeur puisqu'elle va être libre. Vos terres valaient donc 23 000 F il y a quelques jours, mais comme vous venez de nous renouveler le bail pour neuf ans, cela ne vaut plus guère que 11 000 F, et encore en payant bien !

– Oui, je sais.

– Eh bien, nous en avons parlé entre fermiers, et voilà ce que nous avons décidé. Nous allons faire comme si les terres arrivaient en fin de bail et étaient à leur valeur maximale. Nous oublions que le bail vient d'être renouvelé. Mais comme nous avons décidé de gagner tout de même un peu d'argent sur votre compte, au lieu de vous les acheter 23 000 F, nous vous les paierons 22 700 F par hectare. Ainsi nous épargnons 300 F par hectare. Vous obtenez au total un peu plus que ce que vous vouliez, mais quand on a des dépenses à faire, on en a toujours d'imprévisibles ! »

L'accord était conclu. Comment ne pas rendre grâce lorsqu'on est témoin de manière presque palpable de l'action de Dieu dans nos vies !

De 1982 à 1998, j'ai vécu plus de cinquante situations similaires. À chacune de ces occasions, je ressentais un appel intérieur puissant, comme si je recevais une invitation vigoureuse qui me poussait à proposer cet acte de foi sans retour, en demandant, par la prière, au Christ, d'être gérant de la situation présente. Dans ma vie quotidienne, le Christ ne m'a jamais abandonné lorsque je Lui ai fait confiance. Chaque matin, dans ma prière, je L'associais aux événements de la journée. Je Le savais présent dans le cœur de ceux que je rencontrerais, je faisais l'acte de foi qu'Il était gérant de ces rencontres, puisqu'Il était présent en chacun de nous. Ainsi la paix régnait en moi au moment d'aborder des situations épineuses.

XXIII

LA PRIÈRE « AGISSANTE » : SAUVÉ D'UNE AGRESSION

En juin 1985, mon fils Jean-Côme partit pour un an, avec le projet de franchir à pied les cinq mille deux cents kilomètres qui nous séparent de Jérusalem. Le matin de son départ, au petit déjeuner, il était 7 h 30, je lui ai dit que chaque jour, pendant l'année où il marcherait, je prierais le Christ qui est dans mon cœur, ce même Christ qui est dans son cœur, afin qu'Il se révèle partout où il irait. J'ajoutai : « Je prierai ce même Christ qui est dans le cœur de toutes les personnes que tu rencontreras, à n'importe quelle heure de la journée et de la nuit, et dans n'importe quel pays, de façon à ce que tu puisses te dire que, par la prière, la communion d'amour est faite entre la personne que tu rencontres et toi. La paix sera ainsi dans vos cœurs et dans vos pensées. »

À son retour, un an après, il me raconta qu'un soir, au sud de l'Italie, un homme très costaud l'avait attiré dans une embuscade, au premier étage d'une maison désaffectée, traquenard dont il ne savait comment se sortir. Cet homme lui demandait des choses répugnantes. Il était 11 heures du soir, personne ne pouvait lui venir en aide. Il se sentait perdu. Il se rappela alors la promesse que je lui avais faite de prier chaque matin dans le cœur de toutes les personnes qu'il rencontrerait sur sa route. La paix revint en lui. Il releva la tête, et regarda l'homme droit dans les yeux. Celui-ci fut troublé et s'enfuit. Cette histoire m'a réjoui le cœur, car elle confirme que l'on peut efficacement, par le Christ, entrer en communion d'amour avec toute personne, même si elle est à l'autre bout du monde.

XXIV

LA PRIÈRE « AGISSANTE » : SAUVÉE D'UNE SECTE

J'ai vécu une autre aventure particulièrement marquante en 1991. J'étais à Paray-le-Monial pour une retraite que je faisais seul, Martine ayant choisi de rester à la maison cette année-là. Nous étions environ quatre mille cinq cents et, dès le premier jour, il nous fut demandé de nous regrouper par douze. Chaque groupe gardait le même accompagnateur pendant les cinq jours que durait la retraite. Les accompagnateurs ont défilé devant nous avec une pancarte tenue au bout d'un bâton sur lequel figurait un numéro. J'ai choisi le 109, ce numéro me plaisait. Comme il faisait beau, nous nous sommes assis en cercle sur la pelouse à une centaine de mètres de la grande tente qui servait aux heures de rassemblement. Une fois le groupe installé, l'animateur nous proposa de nous présenter et de dire, si nous le pouvions, les raisons qui nous poussaient à venir à cette retraite. À côté de moi se trouvait une femme d'environ quarante-cinq ans, qui semblait très tourmentée. Lorsque vint son tour, elle nous expliqua que sa fille était prisonnière d'une secte dont elle ne parvenait pas à l'arracher. L'heure de réunion se passa bien, et lorsque la cloche sonna 15 heures, donnant le signal de la fin de cette première rencontre, je sentis que je pouvais parler au groupe de la prière au Christ qui était dans le cœur de cette maman, dans le cœur de sa fille et dans le cœur des personnes qui la retenaient prisonnière. Après que j'eus donné quelques explications et exemples, l'accompagnateur accepta ma proposition, nous nous mîmes tous à genoux et je proposai la prière suivante : « Seigneur, Tu es présent dans le cœur de cette maman, Tu es présent dans le cœur de sa fille retenue dans une secte, Tu es présent dans le cœur de ceux qui la retiennent prisonnière. Seigneur, entends notre prière, fais la communion d'amour dans le cœur de chacun. Seigneur, nous le croyons. » Après avoir dit cette prière tous ensemble, nous nous sommes séparés. Nous devions nous retrouver le lendemain à 14 heures au même endroit.

Le lendemain, au moment où le petit groupe se reformait, cette maman arriva avec un sourire jusqu'aux oreilles. Étonnés, nous l'avons aussitôt interrogée. Et elle commença à raconter : « Tout à l'heure, alors que j'étais assise au bord du canal, un homme s'est arrêté près de moi, m'a dit bonjour, et m'a parlé des canards que les gens du village nourrissaient tous les jours et qui ne grossissaient pourtant guère. Après cette entrée en matière, il m'a demandé qui nous étions, et pourquoi nous nous réunissions. Je lui ai expliqué que nous nous réunissions pour prier Dieu, et que moi, je priais parce que j'étais désespérée de savoir ma fille prisonnière dans une secte. Il me confia qu'il s'était récemment converti, et me demanda de quelle secte il s'agissait. Quand je le lui dis, il compatit en m'expliquant qu'il avait lui-même été dans cette secte, mais qu'il était relativement facile d'en sortir. Il ajouta : « Votre fille n'a qu'à prendre toutes les brochures publiées par cette secte et les brûler. Elle sera définitivement libérée en réalisant cet acte de rejet symbolique. » Prise d'une impulsion subite, je suis entrée dans la basilique pour adorer et louer Dieu. Je crois que le Seigneur m'a entendue. Je suis follement heureuse. »

Je lui dis alors : « Ta fille a une porte ouverte. » Cette maman nous confia qu'elle avait désormais une certitude : « Il est vivant. » Elle m'a écrit par la suite : « Le dimanche matin en rentrant chez moi, j'ai trouvé les brochures de la secte attachées avec une ficelle, accompagnées de la mention « À brûler ». Le mot avait été écrit par sa fille, qui était rentrée à la maison le jeudi précédent, au moment où le monsieur rencontré lui parlait de la secte. La maman avait beaucoup pleuré, mais de joie cette fois-ci. Et dans un courrier récent, elle m'a confirmé que sa fille n'était jamais retournée dans une secte, et avait entamé une conversion vers le Seigneur Jésus, le Dieu des vivants. Cette rencontre et cette conversion m'ont bouleversé, et je les ai ressenties comme un clin d'œil de Dieu.

XXV

OUI, UN ENFANT EST VIVANT DANS LE CHRIST APRÈS UNE INTERRUPTION DE GROSSESSE

Dans ma vie, j'ai accueilli bon nombre de confidences. J'ai été particulièrement sensible à l'une d'entre elles, celle d'une jeune femme que Martine et moi connaissions bien, et qui nous a confié son intention d'interrompre sa grossesse, ce qu'elle fit quelques jours après notre discussion. Nous l'avons rencontrée par la suite, elle se trouvait dans une grande détresse intérieure, et sa santé s'altérait. Je ne peux garder pour moi les événements qui ont suivis cette rencontre, car ce que j'ai vécu me semble très important à transmettre à des personnes qui se sont trouvées dans la même situation que notre amie.

Quelques mois après la rencontre avec cette jeune femme, j'ai suivi une session de Renouveau charismatique à Ars. Elle se terminait par une messe dans la basilique. Nous y étions plus de quatre mille fidèles. Cette messe était concélébrée par soixante-trois prêtres et trois évêques. Pendant la consécration, quand le Père Daniel-Ange qui présidait la célébration a levé l'hostie, j'ai prié Dieu pour la guérison morale de cette femme si malheureuse. J'ai reçu à ce moment-là un message qui défilait dans ma tête comme un texte publicitaire lumineux, et qui me disait : « J'ai confié cet enfant à sainte Irène, il continue de grandir en sagesse et dans son corps. Il accueillera ses parents à leur entrée dans le ciel. » J'étais bouleversé, heureux, et j'avais envie de me précipiter pour téléphoner à cette femme.

Quelques années plus tard, Martine et moi nous sommes rendus en pèlerinage à Medjugorje en Croatie avec vingt-huit Français. Le jour du retour, il nous fut demandé d'être présents à 12 heures pour reprendre le car pour Zagreb. La matinée étant libre, de nombreux pèlerins ont décidé de monter jusqu'au lieu des apparitions de la Vierge. Les gens du pays nous avaient recommandé de ne pas cueillir les quelques perce-neige qui poussaient entre les cailloux dans la montée, car, là-bas, au mois de février, les fleurs sont rares. Je crois d'ailleurs ne pas en avoir vu plus de huit au cours de la montée.

Avec Martine, nous étions en train de prier au pied de la petite croix qui marque l'endroit des apparitions, lorsqu'une femme s'est approchée de nous, et nous a dit : « Je vois que vous priez avec ferveur, voulez-vous bien prier pour moi, je suis dans une très mauvaise passe. » Elle s'est mise à genoux devant nous, et nous avons prié pour elle. Elle s'est relevée, nous a embrassés et s'est éloignée. Elle était à cinq ou six mètres, quand un homme s'est approché à son tour et nous a dit : « Pouvez-vous aussi prier pour moi car je suis désespéré, ma femme vient d'avorter de notre enfant, je n'en peux plus. » Sa femme avait quarante-deux ans, et il n'y aurait probablement plus d'autre chance de grossesse. Au cours de notre prière, je lui ai raconté ce qui s'était passé en France, le texte reçu dans ma tête pendant l'élévation à Ars, l'enfant confié à sainte Irène. Puis nous avons continué à prier. L'heure de redescendre était venue. Arrivés en bas de la colline, l'homme pour qui nous avions prié me tapa sur l'épaule, et me dit : « Tu sais, après notre prière je n'ai pas pu m'empêcher de cueillir une fleur, bien que l'on nous ait demandé de ne pas le faire, mais elle représentait pour moi mon enfant au ciel. Et quand j'ai repris mon calepin pour regarder à quel saint j'avais confié la fleur de mon enfant au ciel, je me suis aperçu que c'était le 5 avril, jour de la Sainte-Irène ! »

Dieu invente ainsi de petits signes de son attention envers nous. Il nous appartient de rendre vigilants nos yeux et notre cœur pour les distinguer.

J'ai retrouvé, quelques années plus tard, la jeune femme qui n'arrivait pas à guérir moralement de cet avortement. J'ai senti alors en moi un appel à prier le Christ présent dans cet enfant au paradis, afin que la communion d'amour soit faite entre Dieu, cet enfant et sa maman. Quelques mois ont passé et j'ai enfin appris que cette jeune femme était rayonnante, qu'elle avait repris des forces et que tout allait bien pour elle. Elle avait commencé à se sentir mieux à partir de la semaine où j'avais fait cette prière. D'autres personnes avaient également prié pour elle, c'était une démarche collective. Mais prier le Christ présent dans le cœur de l'enfant séparé de sa mère quelques semaines après sa conception, penser que cet enfant peut intervenir pour ses parents comme un petit saint du ciel, il fallait y croire ! Et j'y crois. Notre évêque, quand je lui ai raconté cette histoire, m'a dit : « Mais bien sûr, Pierre. C'est cela, la communion des saints. »

Voilà les plus grands des événements merveilleux que Dieu m'a accordé de vivre. J'ai voulu les raconter. Je ne crois pas avoir le droit de laisser la lumière sous le boisseau, il me faut la tenir haute et la partager afin de transmettre l'espérance qui est en moi, comme m'y invite la première lettre de Pierre.

Troisième partie

JOURNAL
(19 octobre au 18 novembre 1999)
« Vous avez une tumeur au foie ! »

XXVI

LE SCANNER

Depuis l'ablation, il y a vingt ans, d'un polype cancéreux, je suis suivi régulièrement par un médecin, qui, en septembre 1999, me demanda de passer un scanner. En effet, j'avais une douleur abdominale persistante, et des antécédents familiaux en ce qui concerne le cancer. Un rendez-vous fut donc pris pour le 19 octobre, et c'est à la suite de ce scanner que j'ai décidé de tenir le journal qui suit. Je me rends compte aujourd'hui que j'ai souhaité alors écrire ces moments importants de ma vie pour dire aux autres qu'affronter la maladie en partageant tout avec le Christ, c'était supportable. Cependant, il faut bien avouer qu'en moi-même, je me demandais si cela le serait vraiment…

19 octobre 1999.

Il est 18h15, je rentre dans la pièce où est installé le scanner. L'examen dure en principe sept minutes. Étendu sur la table d'examen, je vois, à un mètre de moi au-dessus de ma tête, les chiffres passer de 1 à 1580. En quelques trente secondes, mon corps a été sondé des épaules au nombril. L'appareil redescend alors à 650, et s'arrête. « Arrêtez de respirer », me dit-on. À 660, autre arrêt, et de nouveau : « Arrêtez de respirer », et cela continue ainsi jusqu'à 780.

On réinjecte du produit dans la perfusion. L'appareil descend à 650, et de nouveau : « Arrêtez de respirer ». Puis les chiffres recommencent à défiler et de nouveau l'appareil s'arrête à 780. Il y a certainement des conciliabules dans mon dos et, trois minutes plus tard, on redescend de nouveau à 660, « Arrêtez de respirer », 670, *idem*, etc. Au fur et à mesure que le corps est déplacé dans l'appareil, les chiffres bougent. Vingt-cinq minutes se sont déjà écoulées. J'ai bien compris que, dans cette zone-là, quelque chose n'allait pas. Au milieu de la séance, j'ai appelé les médecins pour leur dire : « Ne vous inquiétez pas pour mes poumons, j'ai eu une primo-infection à l'âge de vingt-quatre ans, et les boules visibles qui restent appartiennent au passé. » C'était il y a quarante-trois ans, à mon retour de la guerre d'Algérie, en 1956. L'infirmière entre dans la salle et retire l'aiguille de la perfusion permettant d'injecter un produit qui colore certains organes. Je me dirige vers la petite cabine d'habillage, et un chandail sur les épaules, j'attends la visite du médecin. Je ne dois pas me rhabiller immédiatement au cas où il faudrait recommencer.

Des pas résonnent dans le couloir, la porte s'ouvre sur le jeune médecin qui arbore un sourire crispé : « Je suis bien embêté : je n'ai jamais vu un angiome qui refusait de prendre le produit injecté. J'ai essayé trois fois, sans succès ; il va falloir pousser les investigations beaucoup plus loin, faire une IRM à Reims, c'est un examen nettement plus performant que le scanner. Je vais vous faire un mot d'introduction. »

Voilà, c'est le foie ! Un angiome transformé. Et si c'était une tumeur maligne ?

Je regagne la salle d'attente : la femme qui a fait l'examen avant moi fait une drôle de tête, son visage est tendu, elle aussi a dû apprendre une mauvaise nouvelle ; les autres personnes ne sont pas passées, elles ne savent rien encore. Une mère est assise à côté de sa fille d'une dizaine d'années, est-ce pour elle ou pour l'enfant ? On appelle Mme X., la maman se lève et demande à sa fille d'attendre patiemment son retour ; la petite doit apprendre sa leçon pendant que sa maman passe son scanner.

Depuis 1981, moment de mon opération de la vésicule, j'ai un problème digestif car il est probable qu'un morceau d'intestin est pris dans la cicatrice. Cela a conduit à la formation d'une poche dans laquelle stagnent les aliments. Je dois quotidiennement les dégager par la pression de mes mains. Certains jours tout va bien, d'autres, non. Depuis dix-huit ans, je souffre de ce problème, et je me dis que, somme toute, j'ai de la chance que cette tumeur ne se soit pas déclarée plus tôt. Mais je n'arrive pas à croire à ce qui m'arrive, un cancer, c'est pour les autres, pas pour moi ! Merde et merde, après mes deux grands-pères, mon père, ma mère, mon frère... Et pourtant, si, c'est pour moi, et au foie en plus. Mais, au fond, c'est peut-être mieux comme cela. Si c'était les poumons, il faudrait couper toute la cage thoracique. Pour le foie, il est possible de retirer largement la partie malade, et je crois qu'il repousse vite. Et puis ce n'est peut-être rien !

Sentant monter les larmes, je me saisis d'une revue

posée sur la table, et je tombe sur un article vantant une île dans laquelle les milliardaires s'en vont passer des vacances de rêve. Ils en ont de la chance… « M. Renaudin est attendu à la caisse. » Je m'y rends, et je règle deux cent soixante-quatre francs d'honoraires médicaux, le scanner étant, me dit-on, pris en charge directement par ma caisse. Je pense que je ne saurai jamais ce que coûte un scanner de vingt-cinq minutes ! Si sept minutes reviennent à six ou huit cents francs, l'addition doit être salée. Et puis après tout, cela m'est égal, j'ai suffisamment versé de cotisations dans ma vie. Mauvais esprit bien français ! Tout de même, il est étonnant de voir quel genre d'idées me passent par la tête alors que je viens d'apprendre une mauvaise nouvelle !

Je reprends ma voiture. Un éclair au chocolat m'attend sur la banquette. Depuis quarante-huit heures, je suis privé de pain, de pâtes, de pommes de terre, etc. Ce que c'est bon ! Pour ces choses-là, je suis toujours prévoyant. Ah, la gourmandise !

Arrivé à une trentaine de mètres de la ferme, je constate que tout est éteint à la maison. Martine, mon épouse, n'est donc pas encore rentrée. J'ai le temps de me donner une contenance. Je vais allumer un feu dans la cheminée. Mais la voilà déjà, elle rentre de son cours d'hébreu à l'institut Rachi. « Alors ? » me dit-elle. « Ce n'est pas marrant, mon angiome s'est transformé, mais il y a une chance sur deux que ce soit bénin. Il ne faut pas s'en faire avant d'avoir retiré le tout. Je dois d'abord passer une IRM, mais il faut aller à Reims. Je téléphonerai demain matin. » Vers 21 heures, j'appelle ma sœur, cancérologue, et, après que je lui ai exposé la situation, elle m'explique qu'un angiome, ce n'est pas grave, que je dois faire l'IRM, et qu'il ne faut pas s'inquiéter avant d'avoir des résultats complets.

La nuit ne sera pas belle. Après avoir dormi de 23 heures à 1 heure et demie, je me lève, car j'ai des idées noires, et je ne parviens pas à retrouver le sommeil. Je m'installe devant la télévision, je n'arrive pas à fixer mon attention sur ce que je vois, la ronde folle de mes pensées m'en empêche. C'est alors que je décide de m'acheter un cahier, et d'y consigner jour après jour les événements et mes réflexions, jusqu'à ma fin si elle doit intervenir en ce début de siècle.

Vers 3 heures, je me recouche, et, jusqu'à 5 h 45, je me tourne et me retourne dans mon lit sans jamais trouver la bonne position, celle dans laquelle je n'aurai pas mal. J'ai, en effet, aussi mal au ventre que dans la nuit de vendredi dernier, il y a quatre jours. Sachant que j'ai un problème au foie, je n'ose plus exercer les pressions habituelles sur mon intestin, et les aliments ne passent plus. Le résultat est catastrophique. Je prie Marie : « ... et à l'heure de notre mort », puis le Christ qui vit au plus profond de moi, et je lui demande de se mettre dans mon enfer, dans et au milieu de toutes les mauvaises cellules. « Oui, Seigneur, prends la place au milieu de mes cellules “pourries”, transforme-les, guéris-les... » Je m'endors enfin pendant une heure, et me réveille à 6 h 45. Mon repos aura été de courte durée...

20 octobre 1999.

Après cette mauvaise nuit, je suis fatigué. En mettant la table du petit déjeuner, je renverse un bol plein et laisse tomber le pain. Ce n'est pas la forme ! La douleur persiste, sourde, mais bien présente. Si je pouvais prendre un couteau et trancher largement dans cette chair pourrie, cela me soulagerait ! Je me remets au travail. J'ai sept lettres à écrire, et mes comptes à vérifier au Minitel. La sonnette tinte, je vais ouvrir, c'est la responsable du groupe de prière du Renouveau charismatique auquel mon épouse et moi avons appartenu de 1976 à 1996. Martine lui a donné rendez-vous à 11 heures. Comme il n'y a pas de Martine en vue, je l'invite à venir s'asseoir au salon, et lui propose une tasse de café. « Alors, Pierre, comment vas-tu ? » Mes yeux se remplissent de larmes, et je balbutie : « Pas bien. On a fait des examens hier soir, et j'ai une tumeur au foie. Je ne sais pas si c'est grave ou non. »

J'ai subi lundi un examen de la prostate dont le résultat était négatif, et vendredi prochain, je passe une coloscopie. C'est déjà lors d'une coloscopie, en 1981, que l'on m'a trouvé un polype dont l'extrémité était une tumeur maligne. On m'en avait déjà retiré auparavant, mais ils n'étaient pas cancéreux.

21 octobre 1999.

À Reims, seul centre d'IRM de la région Champagne-Ardennes, tout est complet, et je n'aurai pas de place avant un mois et demi. Un mois et demi d'attente, c'est trop. Grâce à ma sœur médecin, j'obtiens deux adresses à Paris et à l'une d'elles, finalement, une place est disponible pour une IRM le 3 novembre, avec résultats le 8. J'accepte immédiatement. La journée va être plus détendue. Martine et moi partons cueillir des champignons, il fait beau, nous sommes seuls ou presque dans cette grande forêt, près du lac de Lusigny, au nord de Troyes. Nous sommes heureux tous les deux. Nous remplissons à moitié nos petits paniers, et prenons la précaution de faire vérifier notre récolte par le pharmacien. Bien nous en prend, car la moitié de la cueillette est à jeter. De toutes façons, ce soir, je ne peux pas les manger : je suis à la diète pour l'examen du lendemain, et n'ai droit qu'à un yaourt, des fruits et une crème à la vanille. Et en plus, je dois ingurgiter deux litres d'un produit spécial entre 20 heures et 22 heures. Malgré ces petits désagréments, nous nous couchons heureux.

Martine et moi avons quarante-trois ans de vie commune, nous avons connu des hauts et des bas, mais je me rappelle surtout les hauts. Nous avons tous les deux soixante-huit ans, et je pense que notre mariage a été préparé par Dieu. Dès le premier regard, nous avons chacun éprouvé quelque chose l'un pour l'autre. On parle toujours de crises dans le mariage : crise des huit à dix ans, crise de l'homme à quarante ans... Nous avons connu ces crises, mais aujourd'hui c'est une troisième naissance à l'amour vrai. Nous avons besoin l'un de l'autre, besoin de vivre ensemble, de vivre ensemble le plus longtemps possible. Et avancer en âge augmente ce besoin. Pour Martine, pour nos six enfants, j'ai envie de vivre très longtemps et pas trop gâteux. Car nos petits-enfants, j'en suis persuadé, ont besoin de leur grand-mère et de leur grand-père. Il nous faut donc tenir bon et se maintenir dans le meilleur état de santé possible. Nous les recevons souvent, et nous avons déjà fait deux tours en France avec les plus grands de nos petits-enfants. Avec les quatre aînés, nous avons fait en 1999 un voyage de mille six cents kilomètres en partant de Troyes. Nous avons visité la Bourgogne, les Causses et le Massif central. Nous avons continué cette année en Charolais avec les trois moyens qui ont quatorze et quinze ans. Nous comptons poursuivre avec les suivants car c'est un magnifique périple, au cours duquel il est possible de découvrir des endroits nouveaux qu'ils ne verraient peut-être jamais dans leur vie. Et puis nous apprenons à nous mieux connaître et ils peuvent créer des liens d'amitié avec leur Papi, leur Mamie et entre eux.

Alors, pour mes enfants, mes petits-enfants et pour ma femme, je vaincrai cette maladie comme j'en ai vaincu d'autres. Je ferai de la chimiothérapie, et j'expulserai le mal de mon corps en faisant chaque jour de longues marches, comme l'a fait un ami parisien qui a été guéri au bout de quatre ans de combat. Je passerai sur la table d'opération pour qu'on me retire la partie abîmée de mon foie. Oui, je vaincrai, par la médecine, par ma volonté, avec le soutien de Martine, et bien sûr avec l'aide de Dieu. Je m'endors dans la paix, heureux.

22 octobre 1999.

Toute la matinée, je l'ai passée au bureau dans le calme. Je n'ai plus mal du tout. L'après-midi, je vais à la clinique à Troyes pour la coloscopie et, comme on m'annonce deux heures d'attente, je pars faire des courses. À mon retour à 16 heures, je dois attendre encore une heure. Enfin, voilà mon tour. Le médecin est souriant, je l'aime bien. Il me dit qu'il ne comprend rien à cet angiome qui se serait transformé en tumeur. Il n'y croit pas.

J'ai droit à une sorte de télévision pour voir à l'intérieur de moi-même. Le tuyau souple mesure environ un mètre cinquante. En vingt minutes, on arrive, non sans peine, à la fin du gros côlon. Tiens, voici un petit kyste gros comme une lentille. C'est un débutant ! L'infirmière introduit dans l'appareil un genre de fil de fer qui se termine par une pince. Sur l'écran, je vois la pince arriver près de ce kyste, gros comme trois têtes d'épingles, on le perd de vue une ou deux fois, on s'en rapproche, et, comme un crabe qui fonce sur sa proie, la pince prélève un petit morceau du kyste en vue d'une analyse. Puis l'on recommence une seconde fois sur le même kyste. Le retour en arrière s'effectue lentement : « Tiens, en voilà encore un », on répète l'opération, puis l'appareil recule lentement, voilà, c'est terminé. Martine est là, dans la salle d'attente, avec des dattes, du raisin et un petit pain à mon intention. Que c'est bon ! La journée se termine par une bonne soirée au coin du feu. Soudain, je suis pris d'un doute : et si je n'avais rien ? Il me faut tout de même attendre l'IRM et son résultat le 8 novembre prochain. Nous ne sommes que le 22 octobre, il me reste dix-sept jours à attendre... Et c'est vrai, il se peut que je n'aie rien...

25 octobre 1999.

La vie continue, et, depuis hier à 9 heures du matin jusqu'à aujourd'hui à 17 heures, j'ai de nouveau mal sans interruption. J'ai dit à Martine : « C'est comme si j'avais un poids de cinq cents grammes accroché au foie. » Mais je reste en paix. Le lendemain, le 26, je vais à la chasse au gros (sangliers et chevreuils) ; il fait très beau, je ferai ce jour-là quatre kilomètres à pied malgré la souffrance.

28 octobre 1999.

Je suis donc allé hier à la chasse et je me sens fatigué. Je n'étais pas en forme et j'ai raté un gros sanglier à quarante mètres ! Pendant cinq heures, j'ai traîné mon boulet de cinq cents grammes au foie.

Ma forme n'est pas meilleure aujourd'hui, je laisse tomber quatre à cinq objets par jour. Hier soir, mon bol préféré n'a pas résisté au carrelage de la cuisine. À partir du milieu de l'après-midi, les yeux me piquent. Cela suffit, je dois me ressaisir, je ne vais pas me mettre à pleurnicher. Martine a envie d'aller cinq jours en Israël avec l'institut Rachi. Le voyage est prévu à la fin de novembre, mais elle n'ira que si je l'accompagne. Le prix n'est pas trop élevé. Pourtant je ne me sens pas la force de dire oui. Est-il raisonnable de partir en voyage alors que je me sens aussi fatigué ? Il est plus sage d'attendre les résultats de l'IRM pour prendre une décision.

Au diable la morosité, je vais attaquer mon courrier, cela me permettra de chasser les idées noires.

29 octobre 1999.

Ce matin, je me réveille avec un sérieux mal de tête, cela cogne dur. Moi qui n'ai jamais mal à la tête ! Les idées noires reviennent en force. Une amie proche vient d'avoir une tumeur à la tête, une autre amie est également atteinte. Serait-ce mon tour ? J'ai cassé un bol avant-hier soir, ce matin, c'est une belle tasse à thé. Tout m'échappe des mains. Martine me dit que ce n'est pas grave, que ce sont des objets sans valeur, mais moi je me rends compte que je casse de plus en plus.

Pour me changer les idées, j'ai regardé cette nuit la cassette que j'avais enregistrée sur la 2. Le film s'appelle : *Le Poids d'un secret*. Il est suivi de l'émission *Ça se discute*, animée par Jean-Luc Delarue. Le thème traité est : « Peut-on se remettre d'un viol ? » L'animateur cite le chiffre effrayant de trente mille viols chaque année en France !

Je suis choqué, et je repense à l'éducation que j'ai reçue de ma mère à propos de relations entre garçons et filles. Combien je la remercie de tout ce qu'elle a fait pour moi, et pour Martine !

Dimanche 31 octobre 1999.

Nous sommes depuis vendredi soir avec nos petits-enfants. Notre fille Florence et son mari Guillaume, sont partis au Caire pour un congrès de chirurgie.

Je peux dire merci, merci tout au long de ma vie, et je le dis de tout mon être comme l'a fait mon grand-père Maxime Renaudin. Au moment de sa mort, entouré de ses huit enfants, il les a regardés l'un après l'autre, il a dit : « Merci », et son cœur a cessé de battre.

Je n'ai pas eu mal depuis deux jours. Mais ce matin, je lâche ma tartine dans mon bol, toujours ce manque de maîtrise qui me contrarie, et j'ai de nouveau mal au foie. Je pense que c'est dû à la position de la nuit, et à la compression qui s'exerce quand je reste quatre heures de suite sur le côté droit. Hier, samedi, nous sommes allés nous promener en barque sur le Marais poitevin. Que la nature est belle, calme et silencieuse…

Il me vient l'idée qu'avoir la foi, c'est comme en agriculture : afin que la récolte soit belle, il faut labourer, herser, crosskiller[1], préparer le lit de la semence. Pour vivre avec le Christ, je crois qu'il faut prendre le temps de le retrouver, d'approfondir sa foi. De prier seul et de prier en couple. Mon temps de méditation quotidien s'approfondit autant que possible dans un temps de retraite annuelle de quelques jours. Cela m'a été donné. Merci, Seigneur, pour tout, aujourd'hui comme demain. Donne-nous notre ration de pain de la journée et pas plus. Mais Tu nous donnes toujours plus !

1er novembre 1999, fête de tous les saints.

Dans trois jours, je passe l'IRM. Que la paix règne dans mon cœur !

1. Un « croskill » est un rouleau casseur de mottes.

XXVII

L'IRM

3 novembre 1999.

Je suis à Paris et l'IRM est pour demain. Le médecin m'a dit qu'en principe, j'aurai le résultat le lundi 8 novembre. Le 1er novembre, j'ai eu mal douze heures de suite. Hier, 2 novembre, je n'ai eu mal que pendant six heures, mais plus fortement. Aujourd'hui, je n'ai pas mal, je suis même d'un calme total.

4 novembre 1999.

À 17 h 30, je me rends à l'hôpital de la Fontaine à Saint-Denis. Très bien accueilli, je suis pris à 18 heures avec un quart d'heure d'avance. Je suis dans la salle d'attente quand la porte de la salle où l'on fait les IRM s'ouvre, un homme d'environ soixante-dix ans en sort, et me confie :

« Oh ! là ! là !, c'est dur, si on m'avait dit ce que c'était, je ne serais pas venu. J'ai passé une heure vingt dans cette boîte, moi qui ai la trouille de tout. J'ai peur et même, des fois, je pleure !

– Mais qu'est-ce que vous avez ?

– C'est mon foie ! (Bigre, c'est comme moi !)

– Et qu'est-ce qu'il a, votre foie ?

– Ils ont découvert des tas de petites boules. Il paraît que ce n'est pas très grave, mais ça me fiche la trouille ! »

(Et moi donc ! Merci, mon brave !)

« On demande M. Renaudin à l'IRM. » C'est à mon tour. Je suis parfaitement calme. J'ai prié pendant les vingt minutes qui viennent de s'écouler. Le Christ est en moi, Il est partout, dans mes cellules saines, comme dans les mauvaises. Je lui ai demandé de purifier les mauvaises, et j'étais vraiment en paix. C'est bon de tout vivre avec Lui. « Déshabillez-vous, monsieur, gardez juste votre slip. » L'infirmière me donne un peignoir. C'est du quatorze-quinze ans, cela ne fait pas le tour ! Mais c'est le dernier disponible. Perturbé, je l'enfile dans le mauvais sens !

Je rentre dans la pièce où se trouve le très gros engin de l'IRM, deux mètres cinquante de haut, sur deux mètres cinquante environ de large. Un chariot m'attend devant, et l'on doit m'y introduire en position allongée par une entrée vraiment étroite. Beurk, moi qui suis claustrophobe depuis la guerre d'Algérie, qu'est-ce que cela va donner ? Je demande combien de temps cela dure. « Environ trente minutes. Vous verrez, cela fait beaucoup de bruit. Je vous parlerai de temps en temps. Vous pourrez m'appeler et me répondre aussi. » On me place dans le bras la fameuse perfusion qui doit colorer les organes. Ils ont un système qui permet de réinjecter le produit à distance au cours de la séance. Cela commence. Le chariot entre dans le trou : « Serrez bien les bras le long du corps car vous allez coincer », en effet cela coince, cela me serre les bras. Comment réagit l'aiguille que j'ai dans le bras gauche ? Ma tête entre dans le trou. Le chariot avance encore un peu, puis s'arrête. Au-dessus de mon visage, se trouve un appareil pour parler et deux trous, un de chaque côté, à la hauteur de mes oreilles, pour entendre. « Respirez lentement ! » C'est bien, je suis calme. D'ailleurs, si je dois rester trente minutes là-dedans autant rester paisible. Mais comment font donc les gros messieurs et les grosses dames pour entrer là-dedans ? « Attention, monsieur, ça commence, ça va durer trois minutes. Respirez lentement. » Et chaque fois que j'ai les poumons vides, cela fait tac, tac, tac, un vacarme assourdissant. Je pense que c'est lié à ma respiration et, trois fois de suite, je retiens mon souffle pendant deux secondes. Le tac, tac, tac, cesse mais revient dès que j'expulse l'air. C'est certainement cela, du moins je le pense. Ma découverte me remplit de joie. Je peux imposer quelque chose à cette grosse machine. Si un jour un médecin lit ces pages, il pensera que c'est de la « foutaise », mais moi, j'y crois ! Les trois minutes sont passées, et la machine s'arrête. « Ne bougez plus, monsieur, nous allons vérifier que le travail est bien fait. » Plus un bruit. Sur les trente minutes, combien en reste-t-il ? Et s'il y avait une panne d'électricité ? Je suis bête, ils ont un groupe électrogène. Et si le chariot se coinçait ? Bon, ils me parleraient. Et si le médecin tombait dans les pommes, comment pourrais-je sortir seul de ce tunnel ? Je gamberge… Je parviens à me concentrer et ma prière devient : « Seigneur, nous sommes tous les deux dans ce tunnel, je suis avec Toi et Tu es avec moi. »

« C'est bien, monsieur, votre respiration est très bonne, les premiers examens ont été bien faits. Êtes-vous prêt pour la seconde série d'examens ?

– Oui.

– Allons-y ! »

On m'envoie un peu d'oxygène pour respirer plus calmement. En route pour la seconde série de bruits ! Deux marteaux piqueurs entrent en action, un de chaque côté. Comment les gens peuvent-ils supporter cela ? C'est dingue ! Je compte les secondes. On m'a dit trois minutes. Cela fait cent quatre-vingts secondes. Quand j'arrive à cent soixante et onze, cela s'arrête soudain. « C'est bien, monsieur, nous vérifions. Votre respiration est parfaite (s'ils savaient : je respire avec Lui dans une paix profonde). Deux minutes plus tard, une personne pénètre dans la pièce et m'annonce : « C'est fini, monsieur. » Le chariot recule, on me sort de là. Ouf ! « Asseyez-vous ! » J'ai l'impression d'avoir quatre-vingt-dix ans. Je n'ai même plus la force de m'asseoir. « Vous pouvez vous rhabiller, le docteur va venir vous voir. »

Le médecin est une femme charmante : « Tout va bien, monsieur, il ne reste que l'enveloppe de votre angiome, donc pas de cancer. Pourquoi le scanner avait-il trouvé une grosse forme opaque imperméable aux produits ? Je ne comprends pas. Nous vous enverrons les résultats lundi prochain, le 8. Bon week-end, monsieur. » Je suis heureux pour Martine. J'avais bien vu que, cette fois-ci, elle accusait le coup encore plus que moi. Heureusement que nous n'avions rien dit aux enfants depuis le 19 octobre dernier. Et, depuis le 19 octobre, lorsque j'avais mal, je n'osais plus appuyer sur l'endroit douloureux de la poche où stagnent les aliments depuis mon opération de la vésicule, comme je le faisais habituellement pour accélérer mon transit. J'avais peur de presser sur une tumeur, et de la faire éclater en créant des métastases. Sachant que je n'avais rien, j'ai commencé une série de massages profonds et il y a eu des gargouillis. Tout s'est évacué, et la douleur que je ressentais à la hauteur du foie s'est atténuée de quatre-vingt pour cent. C'était bien la cause de la douleur que je ressentais entre six et dix heures par jour ! Mais pourquoi avait-on vu une tumeur au scanner et pourquoi n'y avait-il plus qu'une poche vide aujourd'hui ?

18 novembre 1999.

Ma santé continue à être bonne, mais je casse souvent des objets. Hier une assiette, avant-hier une bouteille de vin, il y a trois jours, un bol. Ils m'échappent des mains. Demain, nos six enfants seront tous mis au courant. Tout ce que je viens de vivre est devenu pour moi une affaire banale, classée. Sauf le matin, quand je me réveille et que j'ai mal à la tête. Cela m'arrive encore souvent.

Quatrième partie

MA GUÉRISON INTÉRIEURE

XXVIII

« DIEU PÈRE », RETRAITE AVEC STAN ROUGIER

Depuis l'extraordinaire retraite de 1981 avec Étienne Garin, je sais que le Christ habite en moi. Par l'Esprit-Saint, je l'entends. Cela a commencé, il y a bien longtemps, mais je pense que je ne connaissais pas Dieu. Il me paraît impossible que Dieu existe. Un être jamais vu, qui existe de toute éternité, dans le cosmos qui n'a ni début ni fin... L'autre nuit, dans une émission de télévision, il était expliqué que, dans trois milliards d'années, la terre serait brûlée par le soleil et que l'homme chercherait d'ici-là à se déplacer dans un autre univers. Mars se réchaufferait, un jour les mers seraient à cent degrés, et Mars exploserait. Dans tout cela, qui est Dieu ? Je ne dois pas être le seul à me poser la question. Pour découvrir qui est ce Dieu, notre Dieu, j'ai donc proposé à Martine que nous fassions ensemble cet été une retraite de six jours sur ce thème. Consultant nos calepins, nous n'avons trouvé comme période libre pour nous deux que celle du 16 au 23 août 1999. Alors nous avons ouvert le dossier des retraites, et nous en avons trouvé une, dans les Alpes, à La Flatière, avec vue sur la chaîne du Mont-Blanc. La retraite, conduite par le Père Stan Rougier, prédicateur, écrivain et prêtre à Marolles (Essonne), avait pour titre « Dieu Père ». Si ce n'était pas un clin d'œil de Dieu… Nous nous sommes inscrits, et nous avons été acceptés.

Le premier soir de cette retraite, lors de la messe, Stan nous dit : « Dieu a envie de vous approcher, laissez-vous aborder par lui. Mais il faut en éprouver un réel désir. L'Église est une vaste bergerie avec du foin à la hauteur de tous les museaux. » Stan nous a également parlé de la manière dont Dieu nous aime. Par exemple, un père de famille dirait ici-bas à son fils : « Si tu n'as pas 18 en français tu seras puni » ; Dieu Père dit : « Si tu n'as pas 18, je t'aime pour que tu arrives à 18. » « Sur terre, nous sommes faits pour plus que le bonheur, nous sommes faits pour nous accomplir. » « Un artisan de paix, c'est celui qui la fait. » « Si nous ne savons plus quoi dire lors de nos confessions, téléphonons à nos amis pour savoir quoi dire… » Stan nous fournit inlassablement en citations de ce genre, et j'applaudis dans mon cœur.

« Dieu n'a que nos mains pour travailler, Dieu n'a que notre bouche pour parler, prêtons à Dieu nos bras, prêtons à Dieu nos voix. Nous ne dirons plus jamais qu'Il est manchot, nous ne dirons plus jamais qu'Il est muet. »

Tout cela m'a confirmé dans ce que j'avais reçu lors de ma retraite spirituelle en 1981 sur la présence de Jésus en moi.

Le troisième jour, le sacrement des malades nous est proposé. Je veux le recevoir. Nous sommes quatorze personnes sur deux cent quarante à le demander. En commençant cette retraite, mon état intérieur me poussait à me laisser faire, à tout accepter. Je voulais m'engager devant les hommes et vis-à-vis de Dieu, je l'ai fait et j'en suis très heureux. Devant mes frères, j'ai exprimé tout haut ma demande à Dieu : « Je veux briser cette chaîne du cancer dans ma famille. » Le sacrement reçu, je me sens léger, soulagé, et doté d'une perception accrue de tout ce qui m'entoure. Chaque phrase des chants résonne à mes oreilles, et mes yeux voient pour de vrai.

À moi maintenant de vivre comme un veilleur, Dieu m'y appelle, je ressens le désir de prier davantage, d'être toujours prêt à répondre « OUI » à ses appels, à ses demandes, à sa volonté.

Pour nous dérider un peu, Stan nous raconte comment, en Italie, en 1943, Mussolini, ayant réuni mille soldats sous ses fenêtres, annonça qu'il allait confier une mission à l'un d'entre eux. Il prit alors son chapeau, en détacha une plume qu'il lança du premier étage sur les soldats en disant : « Je reviens dans trois minutes, celui sur qui sera tombé la plume sera digne d'accomplir cette mission. » À son retour, il trouva tous les soldats en train de souffler pour que la plume ne tombe pas sur eux. Et nous, comment nous comportons-nous vis-à-vis de Dieu ? Comment suis-je devant Toi, Seigneur ? Il n'est pas toujours facile de répondre à un appel.

Cinq jours durant, nous avons écouté les phrases de Stan et lu des textes. La puissante charrue qu'est la parole de Stan Rougier a labouré ma terre en profondeur. Elle l'a aérée, fertilisée, elle a préparé une couche arable où je vais pouvoir semer et faire pousser la parole de Dieu. Je me sens en paix. Je ne verrai pas Dieu, mais le Christ a dit : « Qui me voit, voit mon Père. »

Le dernier soir, un homme qui participait à la retraite a pris la parole et a dit : « Je suis juif, mais si votre Dieu est vraiment celui dont vous avez parlé pendant cinq jours, eh bien, sachez que s'Il me cherche, Il va me trouver ! » Cela me conforte dans mon bonheur intérieur, dans le sentiment de paix que je ressens devant la mort. Stan a dit : « La mort, c'est un cierge qui s'est transformé tout entier en lumière, ce n'est pas triste. »

XXIX

VOYAGE SUR LES PAS DU CHRIST À JÉRUSALEM

C'était notre troisième voyage en Israël, et cette occasion de partir avec le groupe de l'institut universitaire international Rachi (institut de formation créé à Troyes en 1989, en mémoire de l'institut talmudique troyen du rabbin et commentateur de la Bible, Salomon Rachi, 1040-1105) correspondait complètement à ce que je vivais intérieurement à ce moment-là.

Le mardi 23 novembre 1999 au matin, nous nous sommes envolés vers Jérusalem jusqu'au dimanche suivant. Les trois principales étapes de ce voyage étaient Jérusalem, Amman et Pétra. Ces quatre journées en Terre sainte, nous les avons vécues pleinement de six heures du matin jusqu'à 23 heures. Ce fut épuisant mais cela en valait la peine. L'un des moments les plus forts fut la visite en Jordanie. Nous avons été reçus chez le frère du roi Hussein. Nous avions rendez-vous à 10 h 30, nous ne sommes arrivés qu'à 13 heures après deux heures trente d'attente à la frontière israélo-jordanienne. Tout au long de cette entrevue qui a duré une heure trente, le prince nous a expliqué ce qu'il pensait nécessaire pour faire avancer la paix dans le monde, pour faire avancer la tolérance et la compréhension mutuelle entre les peuples. L'ignorance de ce qu'est l'autre déclenche souvent la haine et la guerre. Il est important d'analyser ce qui est commun entre les peuples, et, à partir de là, il est possible de voir comment amorcer le dialogue. J'ai gardé de cette rencontre l'émouvante photo de trois jeunes femmes réunies, l'une juive, l'autre catholique, la troisième musulmane. La première nous avait introduits au palais, la deuxième était l'organisatrice du voyage, et la troisième, la nièce du roi Hussein.

Autre moment fort, la visite de Pétra. De loin, nous devinions sur le sommet de la montagne la tombe d'Aaron, Aaron qui se réjouissait de la réussite de son frère Moïse, Aaron toujours disponible et ouvrier de paix, amoureux de la paix, semeur de paix, chercheur de paix… C'est l'exemple de la fraternité retrouvée pour tous, frères de la terre.

Le vendredi 26 novembre 1999, nous nous sommes rendus au Saint-Sépulcre. Dans l'entrée, nous avons découvert une pierre de marbre, table sur laquelle on déposait les crucifiés pour les laver et préparer leur ensevelissement. On dit que le Christ fut couché sur cette grande pierre de marbre rose. Je me suis agenouillé, la tête reposant sur le marbre. Alors a commencé un véritable dialogue intérieur :

« Seigneur, Tu es mort pour moi, Tu es ressuscité le troisième jour pour nous prouver Ton éternité, notre éternité.

« Je remets ma mort entre Tes mains, que ce soit dans six mois ou dans vingt-cinq ans, Seigneur, je me remets à Toi.

« J'accepte de mourir un jour, ce que je ne pouvais pas faire jusqu'à cet été. Ma mort acceptée est entre Tes mains.

« Je veux bien mourir pour donner du fruit. Le fruit est déjà dans tous mes enfants et leurs conjoints, dans mes petits-enfants et dans mes futurs petits-enfants. »

Une fois passé ce contrat avec le Christ, je me suis relevé, et nous nous sommes dirigés vers l'endroit présumé de l'implantation de sa Croix. Là aussi, je me suis agenouillé, le front sur le sol. Et j'ai engagé un autre dialogue avec le Christ :

« C'est ici que l'on a transpercé Tes mains et Tes pieds, c'est ici que Tu as vu les soldats qui faisaient cela par habitude.

« Je pense qu'intérieurement Tu as imploré Ton Père pour qu'Il ne tienne pas rigueur à ces hommes de leurs actes.

« Ton sang a coulé.

« Les épines dans Ta tête devaient Te faire souffrir horriblement.

« Tu as offert Tes souffrances pour notre rédemption. Seigneur, je Te confie les souffrances à venir jusqu'au bout de ma vie, pour les vivre avec Toi et Te les offrir pour les autres.

« Seigneur Christ, je fais ce contrat avec Toi, je me mets en Toi avec mes souffrances à venir, s'il doit y en avoir d'autres, je les vivrai en Toi. »

La paix, une paix profonde est descendue en moi.

Au retour de ce pèlerinage, j'ai pu une fois encore m'émerveiller : en regardant ce que j'ai reçu, je m'étonne de ce que chaque événement qui se produit dans ma vie me paraisse à chaque fois encore plus beau que ce qui a précédé.

XXX

TENIR UNE BOUGIE ALLUMÉE

Je considère que tout ce qui s'est passé dans ma vie depuis ma naissance est extraordinaire, et je remercie Dieu de m'avoir donné dix talents. Je dois tenir bien haut la bougie allumée qu'Il m'a confiée, c'est pourquoi j'ose raconter tout cela. Je ne peux pas le garder pour moi. Même si cela ne nourrissait qu'une personne, je serais heureux.

En 1997, une personne avec qui je travaillais pour une session de réflexion me dit : « Est-ce que tout cela vient bien de Dieu ? C'est tellement extraordinaire... » Je lui dis alors que j'allais tout écrire, et l'envoyer à un théologien pour qu'il me donne son point de vue. Ce qui fut dit fut fait, et quinze pages partirent au courrier un jour de juin. Je pris ensuite rendez-vous pour parler de tous ces événements avec le théologien. Je lui demandai alors ce qu'il en pensait : « Pierre, me dit-il, tous les faits que vous me racontez dans votre lettre viennent bien de Dieu, je vous le confirme. Tout cela est merveilleux, ami. Mais parlez-moi donc de l'envers de la médaille, celle que l'on ne voit pas dans votre texte... » En clair, cela signifiait : « Dites-moi ce qui ne va pas, vos difficultés, les attaques, les chutes, tout ce que vous êtes parvenu à vivre dans l'épreuve. Sinon, vous assommerez les autres. C'est trop beau ! » En effet comme chacun, j'ai eu à choisir tout au long de ma vie entre le bien et le mal. Parfois je me suis laissé aller à la tentation, parfois je suis tombé, mais bien souvent une main m'a été tendue, et je me suis arrêté avant que le mal soit accompli. Cependant le plus dur à assumer, c'est tout ce qui se passe dans la tête, c'est ce combat perpétuel avec soi-même. Je me sens parfois aussi agressif que le Pierre de l'Évangile : lorsque l'on vient arrêter Jésus pour le crucifier, Pierre sort son épée et coupe l'oreille d'un Romain. Combien en ai-je coupé, en pensée, des oreilles ! Mais toujours est venu le temps du pardon, et mes ennemis d'hier sont souvent devenus les bons amis d'aujourd'hui. Quand on est maire pendant vingt-trois ans, il est difficile d'échapper aux conflits ! Donc, toute ma vie, j'ai été tenté intérieurement, il m'a souvent fallu appeler Jésus à mon secours et prier pour que la tentation s'écarte de moi.

XXXI

RETRAITE AVEC LE PÈRE RÉMI SCHAPPACHER

En l'an 2000, Martine me propose une retraite avec le Père Rémi Schappacher, à Châlons-en-Champagne, sur le thème de la guérison intérieure. Elle se déroulait sur quatre jours du mercredi 31 mai au dimanche 4 juin. J'ai accepté de bon cœur en lui disant : « Si je m'embête, je pourrai toujours aller me promener dans les champs de blé des environs. »

Dès le premier matin, le Père nous a demandé si nous avions choisi la vie, si nous la voulions, si nous la prenions, ou bien si nous nous laissions aller au péché, au sexe, à l'alcool, à la négligence, à la fatalité…

Il a parlé de l'enfant prodigue, qui aime la vie, la prend et revient à son père. L'aîné n'aime pas la vie, il n'aime pas son père, ni son frère, il se fâche, il refuse de fêter le retour de son frère. À nous de choisir ce que nous voulons être…

Après avoir entendu l'enseignement du Père Rémi[1], je comprends que Jésus, c'est Jeschoua, « Dieu sauve ». Il porte le nom de ce qu'Il fait. La maladie et la mort ne sont pas de Dieu. Je crois que Dieu fait les miracles et qu'Il les aime. Je crois qu'il ne faut pas passer à côté de cette chance, que l'on peut toujours prier pour une guérison même si la mort paraît l'issue la plus probable. Aussi, je ne veux pas prendre l'habitude de la situation vécue, je veux traverser avec Dieu mes maladies, mes épreuves, ma colère, ma révolte. Je ne veux pas m'y complaire. Je veux faire le passage, la Pâque, avec Lui.

Au cours de cette retraite, il nous est proposé d'inviter le Seigneur à visiter nos souvenirs pour qu'ils trouvent une juste place dans le passé. Offrons donc nos mains, notre bouche, nos yeux qui ont vu ou qui n'ont pas voulu voir, nos oreilles qui ont entendu ou qui n'ont pas voulu entendre, nos lunettes interprétatives.

Le Père Rémi prend le Saint Sacrement, et prie sur ceux qui se sont avancés. Puis il s'avance vers moi, et appuie le Saint Sacrement sur mon cœur tout en priant. Je vis un moment extraordinaire. Merci, Seigneur.

---

1. Voir Frère Rémi, *Veux-tu guérir?*, Paris, Éd. du Cerf, 2000.

XXXII

« PAPA, JE TE PARDONNE »

Le vendredi 2 juin 2000 au matin, nous recevons un nouvel enseignement sur les tensions, les peurs, les blessures, les offenses. Nous pouvons demander au Seigneur de désamorcer la ou les grenades qui sont en nous. Le Seigneur ne les retirera pas, mais il peut les désamorcer. Nous pouvons regarder en face notre histoire, sinon elle recommencera. Il suffit de voir ce qui se passe au Rwanda ou en Serbie. On pardonne momentanément, sans avoir examiné à fond ce qui fait mal, et surtout ce qui a déclenché le mal.

Je me penche sur ce que j'ai ressenti, à quinze ans, le jour où nous avons attendu mon père une partie de la nuit : il avait dû rentrer de banlieue à pied, car il n'avait plus d'argent pour payer son ticket de métro. Il avait tout donné, et à cinquante-trois ans, il est mort dans la pauvreté. Je me suis juré alors de prendre ma revanche sur ces années difficiles, et d'être riche un jour. Cela m'a poursuivi pendant cinquante ans... Il me revient aussi en mémoire ces quarante-deux années d'agriculture, ces vingt-trois années comme maire de mon village, les trahisons et les menaces de mort. Je demande à Dieu de m'aider à pardonner à mon père. Je découvre aussi que pendant que je vivais cela, Dieu n'était pas absent.

Assainir sa mémoire, ce n'est pas oublier, c'est savoir que Dieu n'était pas absent. C'est pourquoi il est bon de faire mémoire de nos lieux de mort et de nos lieux de vie : « Jésus, lis ma vie avec moi, Tu n'es pas mort pour rien après avoir donné jusqu'à Ta vie pour moi. » Si je livre ma vie à l'action du Saint-Esprit, il va sanctifier tout mon être. « Jésus, viens T'allonger à côté de moi dans le tombeau que je me suis fabriqué. »

La réussite, c'est la vie avec Dieu, même cloué sur son lit : Job est passé par l'eau et par le feu ; il a perdu ses enfants, ses biens ; il a été méprisé par sa femme, par sa famille ; il a regretté d'être né. Puis il se met à croire que Dieu préside à toute sa vie. L'unique solution, c'est de plonger dans le Christ sans retour. Faire la planche en Christ sans rivage, sans berge…

L'après-midi, le Père Rémi nous parle de la tristesse, de la colère, de la désespérance, de la violence, de l'abattement, de la jalousie. Ce sont les fruits du non-sens. Pourquoi agresse-t-on, pourquoi la colère, la honte ? Tout cela n'est que le fruit d'anciennes blessures. Cela peut conduire jusqu'à l'envie de mourir. Si l'on ne veut pas guérir, on s'installe dedans. J'entends aussi que seul Dieu peut guérir, mais seulement si l'on est décidé à lâcher prise.

Nous travaillons aussi sur le mensonge. Il a de multiples facettes, comme dire oui pour ne pas déplaire, alors que l'on a envie de dire non. C'est un thème qui me touche particulièrement.

Le vendredi soir, nous sommes de nouveau invités à venir devant le saint sacrement pour prier. Je m'avance, et quand le Père Rémi s'approche de moi, je fais la prière suivante : « Seigneur, je Te donne mon père et la décision que j'ai prise à l'âge de quinze ans de devenir riche un jour. Seigneur, je Te donne les personnes qui m'ont fait du mal pendant mes quarante-deux ans de vie agricole. *Je ne peux pas leur pardonner tout seul mais par Toi, avec Toi, et en Toi, je leur pardonne.* » C'est alors que je fais l'expérience du repos dans l'Esprit. Je sens que le Père Rémi continue de prier pour moi, je suis dans une paix totale.

« Oh oui, Seigneur, si je sais que moi, faible être humain, je ne peux pas pardonner, je sais qu'avec Toi le pardon est vrai, qu'il est accompli. »

Plusieurs mois après avoir vécu ces instants, j'ai pris conscience, une nuit, que *c'est cet acte de pardon total qui a permis ma guérison intérieure*. Un médecin me disait il y a quelque temps : « Vous mettez un morceau de sucre sur la langue de quelqu'un pendant une demi-seconde, et immédiatement toutes les cellules du corps reçoivent l'information que du sucre a été en contact avec le corps. » *Je pense que le pardon total désiré par moi, fait en Dieu, par Dieu, avec Dieu, m'a libéré corps et âme.*

Le samedi 3 juin au matin, je me sens tout « chose », tout léger. Le Père Rémi nous parle de Lazare : « Ouvrez la porte, Jésus parle aux morts, Il envoie l'Esprit et la vie. » Lazare est sorti de son tombeau, Jésus a dit : « Déliez-le ! » À nous de choisir la vie, d'être déliés de nos bandelettes par et avec nos frères. Nous avons besoin les uns des autres.

Dans la Bible revient trois cent soixante-six fois la mention « Ne crains pas, n'aie pas peur ! » Tous les jours de ma vie, je dois me demander à qui je me livre. Qui est mon locataire intérieur, Satan ou Jésus ? Comme le dit l'Évangile (Luc 8-21) : « Qui sont mes frères, qui sont mes sœurs ? Ce sont ceux qui font la volonté de mon Père. » Demandons la force de lâcher le passé ! Sachons nous en délier !

Je veux lâcher le passé, je veux être délié, je veux être délivré de la peur, je veux choisir mon locataire intérieur, Dieu et non pas Satan.

XXXIII

BRISER LA CHAÎNE DES CANCERS DANS MA FAMILLE

J'ai pris conscience du fait que nous pouvons rebâtir les dévastations du passé, nous régénérer après les désolations que nous traînons de génération en génération. Nous avons donc décidé de couper avec l'aide de Dieu la chaîne des cancers qui passait par mon grand-père et mes parents.

Combien de familles dans le monde sont en effet prisonnières de calamités qui se répètent indéfiniment pendant des générations ? Pour les unes, ce sont des haines ancestrales, des intolérances, des non-dits, pour d'autres, des maladies héréditaires, l'éternelle malchance…

Afin de m'aider à mieux comprendre tout cela, Martine m'a offert un petit livre des Éditions bénédictines intitulé *Le Ministère de l'arbre généalogique. La guérison par l'Eucharistie*[1] : nous pouvons choisir d'agir pour couper

1. Interview du docteur Kenneth McAll par le révérend Bryan Goldsmith, Éditions Bénédictines, 1999.

la transmission du mal à travers les générations par la prière en Dieu, avec Dieu et par Dieu. Nous pouvons Lui demander à Lui qui habite nos cellules et notre esprit, d'être le gérant de notre avenir. Nous pouvons Lui faire confiance en faisant un acte de foi : « Seigneur, je crois. » Tout est entre ses mains, à nous d'agir.

Le dimanche 4 juin au matin, nous avons assisté à une superbe messe dans une paroisse de Châlons où le Père Rémi remplaçait le curé. Au cours de la célébration, peu avant l'offertoire, le Père Rémi proposa que chacun de nous vienne poser ses mains sur le pain et le vin qu'il allait consacrer, afin d'offrir notre vie pour qu'elle aussi soit consacrée. Des centaines de personnes se sont avancées devant ce prêtre pour faire l'offrande de leur vie. C'était très impressionnant.

En revenant sur le lieu de retraite, à midi, nous nous sommes réunis une dernière fois autour du Père Rémi. Il proposa alors à ceux qui souhaitaient que l'on prie encore une fois sur eux, de s'approcher de lui. Je fus le premier à me lever, d'autres suivirent. Lorsque le Père Rémi commença à prier sur moi, je dis au Seigneur : « Seigneur, demain matin j'ai de nouveaux examens. S'ils sont bons, je le vis avec Toi, s'ils sont mauvais, je le vis aussi avec Toi. Tu es présent dans chacune de mes cellules, saine ou non, Tu es descendu dans mon enfer, nous serons deux à vivre cela. » Et je plonge de nouveau dans le repos dans l'Esprit. Je sais alors que quelque chose s'est passé pendant ces trois jours. Au déjeuner, je dis un petit mot de remerciement à toute la communauté. J'emploie une image pour exprimer l'état de légèreté qui est le mien : « Je suis venu, je pesais quatre-vingt-cinq kilos, je repars en en pesant soixante-cinq ! »

XXXIV

JE ME SENS COMPLÈTEMENT GUÉRI

J'avais commencé à tenir un journal le 19 octobre 1999, jour où, en sortant du scanner, le médecin spécialiste m'avait annoncé que j'avais une tumeur au foie de trois centimètres de hauteur sur deux centimètres d'épaisseur.

Quelques jours après la fin de cette retraite si marquante avec Rémi Schappacher, je me sens complètement libéré dans mon corps et dans mon âme, le premier étant le reflet de l'autre. Je me sens guéri dans tous les sens du terme même si l'angiome est présent. Je suis libéré de cette chaîne qui m'empêchait de vivre dans la confiance.

Le 19 septembre 2000, j'ai pu joindre au téléphone Rémi Schappacher, ce merveilleux prêtre dominicain, et lui demander pourquoi il n'avait pas répondu à la lettre dans laquelle je lui annonçais que j'étais guéri. « J'attendais que tu me le confirmes », m'a-t-il dit. J'ai été touché qu'il me tutoie.

Puis il m'a demandé comment je me sentais. Je lui ai répondu : « Bien, plus que bien. Je suis en paix, je me sens toujours léger, léger. J'aime tout le monde, j'aime ceux que je ne pouvais pas supporter physiquement et moralement, je n'ai plus envie ni de chasser ni de tuer des animaux. » Alors Rémi m'a demandé de continuer d'écrire tout ce qui m'arrivait. J'ai ajouté que le lendemain j'avais pris rendez-vous avec mon évêque pour tout lui dire, et il a approuvé.

Le 20 septembre 2000, j'ai donc rencontré mon évêque. Je lui ai tout raconté, depuis avant même ma naissance, quand mon père était à Angers en 1922 et qu'il avait formé un groupe de prière avec six camarades. Puis ce qu'il m'avait dit peu avant sa mort en 1954, à propos de ce Pierre Ferté qui, par amitié, pouvait m'aider si je souhaitais devenir agriculteur, ensuite la recherche paisible de ce Pierre Ferté, puis la rencontre à une journée d'anciens retraitants de Châteauneuf-de-Galaure, de l'une de ses nièces, dont j'ai su instantanément qu'elle serait ma femme pour la vie. Et tout ce qui a suivi...

L'évêque m'a demandé alors de cultiver le « Je Suis » qui est en moi. « Votre être intérieur est-il transformé ? » m'a-t-il demandé. Je lui ai dit que j'étais dans une paix totale. Il m'a alors confirmé que la présence de Dieu, c'était la paix totale. Puis il a continué : « Dieu vous a donné beaucoup, soyez patient pour l'avenir, vous aurez sûrement une mission auprès des malades. Renouvelez en vous tout ce que vous avez reçu. Cultivez ce que vous avez en vous. Vous avez commencé à écrire, continuez, il n'y a pas de mal à dire. Il faudra ensuite le partager. »

À trois reprises au cours de notre conversation, il m'a redit : « C'est Dieu qui vous gâte spécialement. »

Depuis que j'ai rencontré notre évêque, je sens très fortement résonner en moi la phrase suivante : « Purifietoi. » Je tiens à me débarrasser de tout ce qui, à chaque instant, m'empêche d'être avec Dieu, car le Malin sait bien se débrouiller pour tenter de me faire dévier.

Le Christ vit en moi, Il est descendu dans mon enfer, Il est dans chacune de mes cellules, bonne ou cancéreuse. Nous pouvons vivre ensemble cette épreuve : je la partage avec Lui et je m'aperçois que mon fardeau en est allégé.

La guérison n'est venue pour moi que parce que j'ai su pardonner, non pas seul – je ne le peux pas, car les coups de poignard, je les ai reçus –, mais par le Christ qui vit en moi. Si je garde dans ma tête et dans mon esprit ma haine et ma rage contre quelqu'un, je garde l'autre prisonnier dans la haine ! Le Christ est venu pour nous racheter tous, moi comme ceux que je haïssais. Je dois les libérer. En les libérant, j'ouvre les chaînes qui me liaient et me maintenaient prisonnier, et là, je peux enfin guérir. Dieu permet le pardon total. Moi, je peux marcher avec mon grabat sous le bras, mais je suis guéri, mon corps peut guérir, et il guérit. La grenade est là, mais pour l'instant, elle est désamorcée.

XXXV

QUI EST LE CHRIST POUR MOI ?

Ma mère m'a appris à aimer Marie, notre Mère du ciel, la Mère du Christ. Elle est Celle qui pouvait nous Le faire connaître, nous amener jusqu'à Lui.

Au début de ma vie, je considérais le Christ comme un homme-Dieu, puis j'ai été attiré par Lui en communiant à son corps. C'était ma motivation principale entre quatre et dix-huit ans, quand je voulais devenir prêtre : célébrer la messe, faire descendre le Christ sur l'autel et Le donner à ceux qui Le désiraient, Le faire connaître. La communion et l'élévation, les deux moments intenses de la messe, sont à l'origine de mon grand désir.

Plus tard le Christ est devenu un ami en moi, ami que je désirais partager avec les autres, que je voulais leur faire connaître. Il était toujours présent au moment où j'allais commettre une faute. Dans mes différentes maladies, Il a été et Il est le compagnon intérieur avec qui je peux communiquer, avec qui je peux partager mes souffrances quoi qu'il arrive.

Malgré les traversées du désert qui ont jalonné ma route, malgré les soucis, les doutes, les craintes, Il ne m'a jamais laissé tomber. Une petite flamme brillait toujours au fond de mon cœur, qui m'a permis de tenir.

Le Christ est la lampe intérieure qui ne me quitte pas, qui me parle par l'Esprit-Saint qui vit en Lui, et donc en moi, et avec lequel Il ne fait qu'un. Qui est le Christ pour moi ? Il est mon rocher profond, rocher éclairé par ceux qui m'ont enseigné l'Amour, la Justice, la Paix, la Joie. Aucun *bulldozer* n'a le pouvoir de bousculer ce rocher intérieur. Le Christ rayonne dans tout mon corps, c'est ce que j'appelle ma vie éternelle.

Le Seigneur bat dans mon cœur, Il me parle et m'accompagne, Il me donne mille joies. Je vis avec Lui : mon épouse, mes enfants et leurs conjoints, mes petits-enfants et futurs petits-enfants, mon avenir, tout est en LUI.

Il a voulu me donner beaucoup, que mon cœur reste toujours en éveil pour écouter ce qu'Il me dit, et pour Le voir dans les autres sans aucune restriction.

XXXVI

TU NE TUERAS PAS LE « JE SUIS » QUI EST EN TOI

Au cours de l'été 2000, une nuit, alors que j'étais au bord de la mer avec Martine, j'ai été réveillé trois fois, à intervalles réguliers. À chacun de ces réveils, j'ai entendu cette parole intérieure : « Pierre, le sixième commandement est pour toi », et j'ai eu la certitude qu'il me fallait désormais baser ma vie sur ce commandement.

Le lendemain matin, j'ai raconté à Martine ce que j'avais ressenti, et entendu. Nous ne savions pas quel était précisément le sixième commandement, et Martine m'a proposé le seul livre dans la maison susceptible de m'apporter une réponse. Il était écrit par le rabbin Marc-Alain Ouaknin, docteur en philosophie, et s'intitulait : *Les Dix Commandements*[1]. Je l'ai feuilleté, et pour le sixième commandement, j'ai trouvé : « *Tu ne tueras pas le "Je Suis"*. » Ce qui me convenait très bien ! Aucun rapport avec le sixième commandement qui figure dans les tra-

1. Paris, Éd. du Seuil, 1999.

ductions de la Bible que nous avions à la ferme.

Pourquoi cette phrase a-t-elle trouvé un tel écho en moi ? Au fond, je crois que c'est parce que c'était bien le message qu'il me fallait. Le Christ me donnait clairement une règle de vie : « *Tu ne tueras pas le "Je Suis" qui est en toi.* »

CONCLUSION

Mon frère Hubert, décédé d'un cancer, disait toujours : « *Seigneur, que ta volonté soit une fête sur la terre comme au ciel.* » J'ai prié pour que ce témoignage en soit une. J'ai mis cinquante ans pour préparer les vingt ans que je vis actuellement avec une telle intensité. Il me semble que cette époque de ma vie en cristallise l'essentiel. Le Seigneur a fait pour moi des merveilles.

Il y a pour moi quatre messages primordiaux :

– Celui que j'ai reçu du Christ au cours de la retraite de 1981 : « J'habite en toi et je ne peux pas toucher terre parce que tu ne me prêtes pas tes yeux, tu ne me prêtes pas tes oreilles, tu ne me prêtes pas ta bouche… » ; alors, pour que le Christ touche terre, il nous faut les Lui prêter, à Lui qui est en nous. Ce qui veut dire que nos actions, nos pensées, nos paroles passent par Lui et Lui sont offertes.

– Celui de la prière agissante face aux difficultés relationnelles, aux problèmes graves de la vie, à la maladie. Ce qui veut dire : laisser le Christ tout gérer en faisant de notre côté tout ce qu'il nous est possible de faire.

– Celui de l'avortement : un enfant dont la vie est interrompue avant sa naissance continue à grandir, il peut même aider ses parents. Il est possible de le prier, c'est un saint.

– Celui du pardon, seul capable de libérer de la culpabilité ou de l'esprit de vengeance, et, pourquoi pas, de la maladie.

Grâce à ces quatre intuitions qui ont été illustrées par des exemples dans ma vie au cours de ces vingt dernières années, je peux affirmer que, *déjà, je connais la certitude que nous sommes éternels.* Je crois beaucoup à cette histoire que j'ai entendue des dizaines de fois dans ma vie : on met une goutte de teinture d'iode dans l'Océan et la totalité de l'Océan va changer de couleur. C'est une image exagérée, mais c'est une réalité. Si l'on met du rouge dans l'Océan, il se répandra. S'il y a dix milliards de gouttes dans l'Océan, avec une seule petite goutte, on va changer un dix-milliardième de couleur dans l'Océan. C'est ainsi que je vois cette vie de Dieu, qui est en nous, qui nous rend éternels, et qui, je ne sais pas sous quelle forme, retournera donc à Lui le jour de notre mort. Je crois que nous sommes éternels par tout ce qui est Christ en nous, dans notre esprit, dans notre corps, dans nos cellules malades. Le jour où mon cœur s'arrêtera, mon corps sera mis en terre, et tout ce qui était Dieu en moi, ma vie, ma flamme intérieure, retournera à Dieu pour être redonné aux autres tandis que je resterai dans la lumière de Dieu avec tous ceux qui m'ont précédé.

Je n'ai plus peur de la mort. « *Ne tue pas le "Je suis" qui est en toi* » est devenu pour moi le message essentiel, le reste doit suivre cette certitude.

La dernière parole du Christ a été : « *Père, je te remets mon esprit.* »

Je pense qu'au dernier instant, chacun de nous remet à Dieu sa vie intérieure.

PARTAGER AVEC LE CHRIST

« À l'heure où Jésus passait de ce monde à son Père, il disait à ses disciples : Moi, je suis la vraie vigne, et mon Père est le vigneron. Tout sarment qui est en moi, mais qui ne porte pas de fruit, mon Père l'enlève ; tout sarment qui donne du fruit, il le nettoie pour qu'il en donne davantage. Mais vous, déjà vous voici nets et purifiés grâce à la parole que je vous ai dite : Demeurez en moi, comme moi en vous. De même que le sarment ne peut pas porter de fruit par lui-même s'il ne demeure pas sur la vigne, de même vous non plus si vous ne demeurez pas en moi. Moi je suis la vigne, et vous, les sarments. Celui qui demeure en moi et en qui je demeure, celui-là donne beaucoup de fruit, car, en dehors de moi, vous ne pouvez rien faire. Si quelqu'un ne demeure pas en moi, il est comme un sarment qu'on a jeté dehors, et qui se dessèche. Les sarments secs, on les ramasse, on les jette au feu, et ils brûlent. Si vous demeurez en moi, et que mes paroles demeurent en vous, demandez tout ce que vous voudrez, et vous l'obtiendrez. Ce qui fait la gloire de mon Père, c'est que vous donniez beaucoup de fruits : ainsi vous serez pour moi des disciples. »

(Jn 15, 1-8.)

PRÉFACE

Nous connaissons bien, Noëlle et moi, la famille Renaudin. Une immense famille, qui englobe aussi des frères et sœurs de cœur, une fratrie dont, je crois, nous faisons partie, par bonheur. À côtoyer cette aventure familiale hors du commun, on y sent vite l'omniprésence du cancer, mais aussi celle, persistante, de l'espérance, dans les paroles, les esprits, les cœurs. Marie-Odile, petite sœur de Pierre, infirmière hospitalière, avait résolu de devenir médecin « pour vaincre ce qui avait tué sa mère », disait-elle. disait-elleLa maladie l'a emportée, elle aussi, mais en laissant le sillage lumineux d'une action efficace et utile à beaucoup.

Pierre est comme un sarment de vigne, ancré sur le Christ. Enfant déjà, hésitant sur le choix d'une vocation, il disait : « Je veux aider les âmes à monter au ciel. » Il ne cesse, depuis, de réaliser ainsi son rêve d'enfance. Sa vie, pourtant, ressemble à un catalogue de visiteur médical multicarte, à un voyage en Pathologie, de fractures en tumeurs, de blessures en guérisons, une résurrection permanente, un feuilleton de combats face aux adversités que croise son corps, mais que son esprit réfute. « Ce qui ne nous tue pas nous rend plus forts » pourrait être sa devise. Il veut nous communiquer la force de sa prière, nous apprend à nous accepter « comme des bêtes à bon Dieu », avec nos ailes, mais aussi nos taches noires. Il recueille des parcelles de vérité accrochées aux rencontres, aux échanges où le hasard n'a que peu de place. Il nous exhorte au calme intérieur, aux bienfaits de la pensée positive.

Mais comment dire à un patient qui « commence un cancer » que sa maladie n'est pas plus grave qu'une autre, que l'on peut décider de vivre dans la paix en chassant les idées noires, pour parvenir le plus possible à l'oublier ? Il nous affirme que « Dieu ne fait pas de miracles, on obtient ce en quoi l'on croit. » Et, parce que le silence est plus douloureux encore que la maladie, il témoigne. Cerné par la disparition de ceux qu'il aime, Pierre chante la vie. À l'heure où j'écris ces lignes, un autre chapitre vient s'ajouter à la vraie vie, mais pas encore dans les pages de cet ouvrage. Pierre et Martine ont perdu leur fille Dorothée. Généreuse de nature, elle a dispensé sur les siens, lors de son départ, une paix intérieure que son visage a clairement reflétée. Nos absents nous accompagnent.

Cher Pierre, sous ta plume ils sont tous là, plus vivants que jamais – vos souffrances et vos joies s'enchevêtrent et se mêlent. Ce livre fait face au malheur par des chemins de lumière et de foi. Il pourrait s'appeler « Que ta volonté soit fête ». La phrase est de toi, je l'ai cueillie dans ces pages...

Affectueusement,

Yves Duteil.

AVANT-PROPOS

Le 16 septembre 2008, lorsque le médecin m'a annoncé que le cancer de la prostate découvert par un examen radiologique en 2005 était en évolution rapide, j'ai eu un profond désir de le vaincre.

Pour cela il me fallait prendre soin de moi physiquement tant par la nourriture que par la marche à pied. Il me fallait surtout partager cette maladie avec le Christ, qui vit en chacun de nous.

J'ai donc combattu tout ce qui pouvait nourrir ma maladie en m'efforçant de vivre pleinement tout le positif de la vie, chaque jour comme chaque nuit. Et j'ai partagé ce mal présent dans chacune de mes cellules cancéreuses avec le Christ, lui aussi présent en chacune d'entre elles.

Tout cela a beaucoup compté pour me mener sur le chemin de la guérison car je crois très profondément que chaque être humain est un tabernacle vivant dans lequel le Christ est présent. Je crois vraiment qu'Il a soif que chacun de nous soit branché sur Lui, soit à chaque instant à son écoute, cette écoute dont je vais parler dans ces pages.

Oui, il me semble fondamental de partager avec le Christ nos souffrances, nos espoirs, nos soucis, nos joies, nos tâches quotidiennes, notre envie de vaincre la maladie.

Yves Duteil, dans la merveilleuse préface qu'il a consacrée à ce livre, évoque la mort de ma fille Dorothée, survenue le dimanche 5 septembre 2010. Son corps n'ayant été retrouvé que le lendemain matin, mon épouse et moi n'avons été prévenus de son décès que vers onze heures. Le soir même, nous arrivions à l'île d'Yeu où elle résidait. En entrant dans la chambre du funérarium où elle reposait, ma femme, notre fille aînée et moi-même avons immédiatement reçu une grâce de paix qui émanait d'elle. Elle était comme endormie, sereine, rajeunie, et je peux ajouter profondément belle. Cette paix s'est comme imprimée en nous dès le premier regard que nous avons jeté sur elle, et elle ne nous a jamais quittés depuis.

Chacun de ses trois fils, âgés de vingt-deux, vingt-quatre et vingt-six ans, a également reçu cette paix quelques heures après avoir vu sa mère au moment où il arrivait sur l'île.

Une force intérieure puissante me pousse à faire le récit de ce que nous avons vécu, car la paix que nous avons reçue au cours de ces jours passés autour d'elle peut, j'en suis convaincu, se partager à l'infini.

Lorsque, pendant plus de deux mois et demi, nous avons répondu à près de 400 lettres ou messages reçus, cette paix était toujours bien présente en nous. Et je tiens particulièrement à partager avec mes lecteurs ce qui est à la source de cette paix reçue au soir du lundi 6 septembre 2010, paix qui nous sera confirmée le 19 novembre. Cette paix est bâtie sur du roc : l'amour de Dieu.

Comme je l'ai écrit dans ce livre, alors que je pensais n'avoir plus rien à écrire, l'évêque de Troyes m'a dit lors d'une rencontre de jeunes : « Pierre, vous avez encore un grand chapitre à écrire. Oui, vous avez encore un grand chapitre à écrire. »

J'avais pensé alors qu'il évoquait un autre sujet. Mais je comprends aujourd'hui que c'est cette paix venue de Dorothée qui doit être l'objet de ce chapitre.

INTRODUCTION

Si je fais aujourd'hui un retour sur mon passé, c'est pour que mon lecteur comprenne mon cheminement personnel, celui qui m'a conduit à témoigner des merveilles que j'ai reçues au milieu de toutes les duretés de la vie, en particulier les deuils et les maladies.

En 1980, on me découvre un polype cancéreux. Après que l'on me l'a retiré, le médecin parisien qui me suit me dit :

« Nous nous reverrons tous les six mois après des analyses de sang approfondies. »

Ce que nous faisons.

C'est ainsi qu'en 1999, souffrant depuis trois mois et me sentant très fatigué, je fais une radio du foie, et le radiologue m'annonce qu'elle montre une tumeur de trois centimètres de haut sur deux de large et qu'il s'agit d'un cancer. En rentrant à la maison je retourne cette information dans ma tête et je me dis :

« Bon, il paraît que, quand on coupe un morceau de foie, ça repousse. »

Je me sens donc à moitié dans la paix, mais, n'ayant pas dormi de la nuit, à six heures du matin je prends la décision d'écrire ce que je vis et ressens face à ce cancer nouveau.

Vingt jours plus tard, une IRM (Imagerie à résonance magnétique) faite dans un hôpital parisien m'apprend que la tumeur a éclaté, qu'il n'en reste que l'enveloppe et qu'il ne s'agit donc pas d'un cancer. J'ai écrit quarante-neuf pages sur un cahier d'écolier et je me demande qu'en faire. Je décide de les photocopier en deux exemplaires et de les adresser à deux personnes de confiance, qui ne se connaissent pas entre elles, afin d'avoir leur avis. Alors que je n'attends plus de réponse, trente-cinq jours après le facteur m'apporte deux lettres qui me disent toutes deux la même chose : « Continue d'écrire, cela peut aider du monde. » La même phrase dans chaque lettre !

J'ai donc continué à écrire, ce qui a donné mon premier livre : *J'ai traversé la maladie avec le Christ* (Éd. du Cerf, 2002).

En 2002, six jours après l'envoi de la première épreuve, il a été accepté par l'éditeur qui l'a réédité en 2003. Merci aux Éditions du Cerf. J'ai arrêté le compte des lettres reçues à 1500. J'ai reçu aussi de nombreux appels téléphoniques et des visites. En 2010, j'en reçois encore.

C'est en 2007, aux Éditions Salvator, qu'est sorti mon second livre, *Vivons notre éternité dès maintenant*. Je l'ai commencé le jour où un très bon ami m'a appris qu'il était atteint et d'un cancer et de la maladie d'Alzheimer. Je souhaitais contribuer ainsi à l'apaiser et à le soutenir pour se préparer au grand passage, à lui montrer le chemin pour mieux vivre et communiquer avec Celui qui habite en lui, comme dans tous les vivants, le Christ.

En 2005, un scanner montre que j'ai un cancer de la prostate gros comme une pièce de cinq francs et entouré de filaments, donc difficile à opérer. L'analyse de sang montre que, pour l'instant, il n'évolue pas – je vis donc avec.

En 2008, le 16 septembre, les analyses montrent qu'il est en pleine évolution. Mon médecin parisien change complètement le traitement. En janvier 2009, il me dit :

« C'est un véritable incendie de cancer que tu as. »

Il modifie de nouveau le traitement. Entre-temps, en novembre 2008, il m'avait envoyé une petite lettre qu'il terminait en me disant :

« Par contre, positive, évite de penser que tu as un cancer, cultive des pensées de vie et de santé.

Amitiés,

Jean-Claude. »

Je le faisais déjà et je continue au point que j'en oublie presque que j'ai un cancer.

En juin 2009, il m'annonce que mes analyses sont de nouveau normales et que le cancer est « endormi » et revenu au stade de 2005.

En juillet, lors d'une fête à l'école d'agriculture de Sainte-Maure, je rencontre notre évêque qui avait accepté de préfacer mes deux premiers livres et à qui j'avais parlé du troisième que j'étais en train d'écrire. Je lui avoue que je ne sais plus ce que je dois faire de mon témoignage écrit, puisque mon cancer s'est remis en somnolence. Après avoir réfléchi, il me répète à deux reprises : « Vous avez encore un grand chapitre à écrire. »

En avril 2009, je pensais appeler ce futur livre : « En union avec le Christ bien présent dans mon cancer. »

Aujourd'hui, j'aurais plutôt envie de mettre comme titre : « Vous avez un cancer, me dit le médecin. Je veux le vaincre, ai-je répondu. »

Ce titre aura le temps d'évoluer, d'autant plus que l'éditeur est propriétaire du titre et des jaquettes du livre.

Avant de rentrer dans le vif du sujet, il me semble important de me présenter et de présenter ma famille que je vais évoquer tout au long de ce récit. J'appartiens en effet à une famille marquée par la maladie cancéreuse. Mes deux grands-pères en sont morts, puis mes parents, et ensuite mon frère Hubert, ma sœur Marie-Odile et mon frère Jean-François. Mon frère Guy et moi-même sommes aussi touchés par cette maladie.

Mon père, Jean Renaudin, était un grand homme très aimé de nous tous, ses enfants, mais que nous ne voyions que rarement. En effet, à vingt et une heures, lorsqu'il rentrait du bureau, nous étions dans nos chambres en train de faire nos devoirs du lendemain et d'apprendre nos leçons. C'était à Paris, boulevard Malesherbes, dans les années 1942-1945. Au moment où nous nous levions, il était déjà à son bureau dans le salon depuis cinq heures et demie car il étudiait le droit avant de partir travailler. Cela a duré trois ans, tout au long de la guerre.

Une fois, pendant les vacances scolaires, il est venu nous rejoindre pendant huit jours à Port-Navalo, en Bretagne, où nous séjournions avec maman. J'avais quatorze ans, et, afin de gagner de l'argent pour lui faire un cadeau, je me suis engagé dans un hôtel pour nettoyer les allées. Le jour de son arrivée, j'étais tout fier de pouvoir lui offrir seize francs et quatre bouteilles de vin.

Pendant la guerre, il y avait une corde attachée à la fenêtre des toilettes afin que papa puisse s'enfuir si les Allemands venaient l'arrêter. Ses deux frères ont été arrêtés dans la même semaine, l'un le mardi, l'autre le mercredi.

Notre cher papa est mort d'un cancer le 6 janvier 1955. Je me trouvais en Italie auprès du Padre Pio à qui j'étais venu demander la guérison de mon père. Il était cinq heures dix, le Padre disait sa messe, et, quand il est rentré en extase au moment de la lecture de l'évangile, j'ai crié intérieurement : « Padre, guérissez papa ! » Il avait les mains levées vers le ciel, et j'ai vu à cet instant sa tête se balancer de droite à gauche, me disant « non ». C'est à ce moment-là que le cœur de mon père s'est arrêté de battre alors que les médecins lui donnaient encore un bon mois et demi de vie.

Si mon père était superbe, ma mère, née Marie-Claire Cornu-Thénard, l'était aussi.

Le 14 avril 1943, les bombes ont commencé à tomber sur Paris. Notre immeuble était situé à environ deux cent cinquante mètres de la gare des Batignolles qui servait de gare de triage aux Allemands. Ce qui n'augurait rien de bon pour les habitants du quartier. En effet, deux ou trois fois par semaine, vers minuit ou une heure du matin, les sirènes annonçaient l'arrivée des bombardiers anglais ou américains. Les douze appartements de l'immeuble se déversaient dans l'escalier de service en direction de la cave pour s'y mettre à l'abri. Pour nous, les enfants, c'était un vrai cauchemar. Hubert qui avait quatorze ans et Guy qui en avait treize se comportaient en « grands ». J'avais onze ans et la peur au ventre. Marie-Odile, quatre ans, était dans les bras de papa, et maman portait Jean-François encore bébé. C'est là que toute ma vie a basculé. Maman m'asseyait sur l'un de ses genoux, Jean-François était sur l'autre, et elle m'apprenait à prier notre maman du ciel, « Maman Sainte Vierge », comme elle la nommait. Au quarantième bombardement, il paraît qu'entendant la sirène qui annonçait les avions au milieu de la nuit j'ai ouvert la porte de ma chambre en criant joyeusement :

« Chouette, papa et maman, on va pouvoir prier maman Sainte Vierge ! » Je ne devrais pas m'en enorgueillir car j'avais tout de même douze ans. J'ai un deuxième souvenir marquant de maman daté de 1948. Je me rendais en « boîte à bac » et, à sept heures et demie du matin, j'attendais le métro sur le quai à Wagram lorsque je vis, à quelques mètres de moi, une femme qui n'arrêtait pas de se pencher de façon bizarre pour voir si le métro arrivait. Je me suis approché d'elle en lui demandant : « Ça ne va pas ? » Elle m'a regardé et m'a dit : « Je vais me jeter sous le métro. » Je lui ai alors demandé si elle avait un autre ticket de métro. Comme elle a acquiescé, je lui ai dit : « Ne vous suicidez pas tout de suite, sortez du métro, allez à cette adresse boulevard Malesherbes, prenez l'escalier de droite et au deuxième étage, vous sonnez. Ma mère vous ouvrira, probablement en chemise de nuit, et vous lui parlerez. Ensuite, avec votre ticket de métro, vous ferez ce que vous voulez. » Elle a suivi mes conseils, a passé deux heures avec ma mère qui, après une longue conversation, lui a proposé de faire une retraite au foyer de Charité de Châteauneuf-de-Galaure. Un mois plus tard, nous recevions un bouquet de fleurs de soixante centimètres de diamètre accompagné d'un mot disant : « La vie est belle ».

C'est avec cette maman-là que j'ai vécu l'une de mes plus belles expériences de vie. Je la raconterai dans ce livre.

Quelques mots sur mes frères et sœur : nous étions cinq mais notre aîné, Hubert, qui a été photographe puis libraire, est mort d'un cancer à cinquante ans en 1979. Sa femme, Françoise, une personne exemplaire dont je reparlerai, a eu de lui cinq enfants que nous avons retrouvés à son enterrement. Elle est morte accidentellement en janvier 2010.

Guy, le second, a su traverser brillamment tous les obstacles de l'existence. Il a été directeur du Reader's Digest dans les années soixante, puis directeur d'Elisabeth Arden, et ainsi de suite, car sa maxime était : « Vivons comme en Amérique, n'hésitons pas à changer de situation tous les quatre ou cinq ans. » Victime d'un cancer, il a subi l'ablation de l'œsophage et de l'estomac et se montre d'une combativité qui émerveille ses chirurgiens. Il s'est juré de vivre jusqu'à cent trois ans !

Je suis le troisième, Pierre, né en 1932. Paralysé à dix-huit ans à la suite d'un accident de la circulation, j'ai eu la volonté de guérir et ai fait mon service militaire dans les chasseurs alpins. Jeune homme, j'ai hésité entre la vocation religieuse et celle d'agriculteur, et, sur les conseils de Marthe Robin, la stigmatisée de Châteauneuf-de-Galaure, j'ai choisi la seconde. J'ai rencontré Martine qui a comblé mes rêves et nous avons eu en huit ans six enfants, trois garçons et trois filles, qui nous ont donné à leur tour vingt-quatre petits-enfants et déjà quatre arrières-petits-enfants. Ma vie a été marquée par l'attitude généreuse de mon père que j'admirais, mais qui a consacré sa fortune aux déshérités, nous privant du confort de vie qu'avaient nos camarades de classe. Lui pardonner m'a pris du temps. Appelé en Algérie à mon retour de voyage de noces, j'en suis revenu six mois plus tard, traumatisé, ayant perdu le sommeil et atteint de surcroît d'une primo-infection tuberculeuse. Je suis ensuite devenu agriculteur dans l'Aube et maire de mon village ; tout cela n'a pas été sans peine, mais m'a également apporté bien des satisfactions. Les accidents, les maladies et les épreuves ne m'ont pas épargné tout au long de ma vie. Mais la vraie rencontre du Christ en moi et en mes frères les humains m'a apporté la paix du pardon et la joie de l'espérance.

Sept ans après moi, est née la perle rare, notre unique sœur Marie-Odile. Infirmière anesthésiste en milieu hospitalier, elle se faisait fréquemment rabrouer lorsqu'elle osait émettre un avis ; aussi, à trente-trois ans, a-t-elle courageusement décidé de passer son bac et de faire sa médecine. Notre mère contracta alors un cancer – dont elle est morte en 1992 –, ce qui décida ma sœur à devenir cancérologue ; elle ouvrit ensuite son propre cabinet dans l'appartement qu'elle partageait avec notre mère. Elle consacrait beaucoup de temps à chaque malade, n'en recevant que deux ou trois par jour, et utilisait la phytothérapie. Hélas, en juin 2002, elle nous a demandé de venir l'aider à décommander ses cent soixante patients car elle était atteinte d'un cancer foudroyant qui l'emporta en deux mois et demi. Lorsque je suis allé vider son cabinet en compagnie de mon médecin, également phytothérapeute, j'ai trouvé seize dossiers de malades venus de mon département, l'Aube. Certains la consultaient depuis plus de vingt ans et tous étaient toujours en vie.

Le petit dernier de notre fratrie, Jean-François, a travaillé toute sa vie chez Lagardère. Au cours de son service militaire sur la *Jeanne d'Arc*, il a fait le tour du monde. C'était un garçon assez secret, et ce n'est qu'après sa mort, d'un cancer également, que nous avons par exemple découvert, en rangeant ses papiers, qu'il avait son brevet de pilote.

Voici maintenant mon troisième livre. Si je le commence par la parabole de la vigne et des sarments, c'est parce qu'elle compte beaucoup dans ma vie. Je veux être un sarment bien vivant et branché au maximum sur le Christ – ce qui ne veut d'ailleurs pas dire que j'y parviens en permanence.

Mais j'ai tenu à écrire ce texte car je pense qu'il peut aider aussi bien des personnes croyantes, quelle que soit leur foi, que des personnes incroyantes. C'est simplement le récit d'une manière humaine de réagir lorsque l'on apprend que l'on est atteint d'un cancer et qu'on éprouve le désir profond de s'en sortir à tout prix.

Il s'agit d'un cheminement personnel qui ne néglige bien sûr en aucun cas les traitements médicaux nécessaires.

I

DEUX MAUVAISES NOUVELLES

Un matin de juillet 2008, alors que nous prenons notre petit déjeuner, j'aperçois des chevreuils à environ quatre cents mètres devant la maison. Je dis à mon épouse Martine : « Regarde les cinq chevreuils qui mangent dans les blés.

Elle me répond :

« Je ne les vois pas ; tu sais, j'ai la vue qui baisse. »

Or, depuis des années, elle était capable de voir ces chevreuils à plus de six cents mètres.

Je commence à m'inquiéter. Il est vrai qu'elle a l'air fatigué, que son visage est pâle et qu'elle a pris l'habitude de se tenir la tête lorsque nous sommes à table.

Durant le printemps, elle avait consulté plusieurs médecins qui ne trouvaient pas les raisons de son état. Mais, au mois d'août, elle est de plus en plus fatiguée, sa tête est de plus en plus lourde. Est-ce à cause des deux dents qu'on lui a extraites il y a six mois ? Le dentiste a-t-il endommagé un nerf ? Nous nous posons de nombreuses questions.

En septembre, un médecin lui conseille de faire un scanner de la tête. Le rendez-vous est pris pour le 15 septembre et je l'accompagne. Au bout d'un moment, le médecin vient me chercher dans la salle d'attente et me dit qu'il doit nous parler à tous les deux des résultats.

Il explique alors à Martine qu'elle a entre les deux hémisphères du cerveau une tumeur d'environ quatre centimètres et demi, qu'il pense non cancéreuse, mais qui comprime de plus en plus le cerveau. Il est probable que cette tumeur est à l'origine de cette gêne qui augmente depuis plusieurs mois sans qu'on en comprenne la cause.

Il lui propose de consulter, à Reims, un chirurgien pour qui il va lui faire une lettre. Il insiste pour qu'elle prenne rendez-vous très rapidement car il est urgent d'opérer cette tumeur. Son état ne peut en effet qu'empirer.

Nous rentrons à la maison en comprenant enfin la cause des maux qui l'affectent depuis tant de mois.

Le lendemain matin, le 16 septembre, j'ai rendez-vous à Paris chez le médecin qui me soigne depuis trente ans, époque de mon premier polype cancéreux.

La nouvelle tombe, elle aussi mauvaise :

« Pierre, les analyses de sang montrent que ton cancer est bien reparti, et même assez fort. Je vais changer ton traitement, et, à partir de maintenant, je te reverrai plus fréquemment. Tâche de vivre dans la paix, ne fais pas ce que tu n'aimes pas faire, continue tes marches quotidiennes. Pour l'instant, pas d'opération, pas de chimio, on se revoit en janvier. Tu te rappelles, nous avons découvert ce cancer en 2005, il se maintenait en dormance. Aujourd'hui, il en est autrement. »

En quittant le médecin, je prends conscience qu'il est bien là, ce cancer, qu'il ressemble à une pieuvre minuscule dotée de petites tentacules, et qu'il se développe. Mais je sais aussi que j'ai totalement confiance dans mon médecin qui depuis trente ans m'a préservé d'un nouveau cancer.

Je vais donc suivre ses conseils, essayer de ne pas y penser, faire de la marche chaque jour comme je le pratique depuis 1980. Et veiller à mon régime alimentaire : une pomme chaque après-midi, des légumes au dîner, pas de viande rouge, pas de lait ou de fromage au lait de vache, mais tout de même, quelle chance pour moi, un peu de fromage au lait de brebis ou de chèvre.

Je me dis aussi qu'étant porteur du Christ il est dans toutes mes cellules bonnes ou mauvaises, je le vois habiter aussi la forme de mon cancer. Nous sommes donc deux à vivre chaque instant de mes journées et surtout de mes nuits, quand, au premier réveil, vers une heure et demie, dans le noir, le moral n'est pas au beau fixe. Je dois me replonger dans le Christ pour pouvoir me rendormir. Mais si je ne me rendors pas, il me faut alors me lever, m'asseoir près de la cheminée sans feu pour lire ou faire une réussite afin de me détendre. Une heure et demie plus tard il ne faudra guère qu'un quart d'heure pour retrouver le sommeil.

Pourquoi dis-je que je suis porteur du Christ, pourquoi dis-je qu'Il est dans mes cellules cancéreuses tout comme dans mes cellules saines, tout comme dans celles de toutes les personnes du monde entier ?

Je dois prendre le temps d'expliquer cette certitude, dire comment elle m'a été donnée, car elle ne vient pas de moi mais de tout ce que j'ai reçu depuis ma tendre enfance. Et, quand on a beaucoup reçu, on a beaucoup à donner. Et quand je dis « reçu », je suis sûr que cela vient d'en haut.

Dieu a souvent dirigé mes pas. Quand le jour de mes quatre ans mon père m'a demandé ce que je voulais faire quand je serai grand, j'ai répondu :

« Quand je serai grand, je veux aider les âmes à monter au ciel, je veux être prêtre, je veux être missionnaire. »

Puis vient la guerre de 1939-1945. J'ai sept ans lors de la déclaration de guerre. Je vis l'Occupation à Paris, les peurs, et, à partir d'avril 1943, les bombardements avec les descentes nocturnes dans la cave, deux oncles arrêtés par l'occupant, mon père qui a installé une corde dans les toilettes pour pouvoir s'enfuir par l'immeuble voisin, l'absence de nourriture, le sachet de 250 grammes de pain que notre mère nous prépare chaque matin, la ration du jour, alors que nous serions prêts à en dévorer le double… Et enfin, en 1945, la fin de la guerre.

Je demande alors à mes parents la permission d'aller à Lourdes remercier « Maman Sainte Vierge », que nous avons priée plus particulièrement dans la cave pendant les alertes et à qui nous avons confié tout notre avenir.

Grâce à ma famille qui organise mon voyage, mon rêve se réalise. J'ai treize ans, je suis à Lourdes, à la piscine, je lis les prières inscrites sur le mur. L'homme qui m'accompagne me demande si je veux faire un acte de foi ; je lui demande ce que c'est, et il me répond : boire un verre de l'eau de la piscine. Je regarde l'eau, trois pansements de coton surnagent, je ferme les yeux et dis à Marie :

« Oui, Marie, je vais faire l'acte de foi, mais chaque fois que je serai malade, je guérirai avec toi. »

Puis je prends le verre et puise l'eau de la piscine. Je le bois en toute confiance, conscient de la réalité de cet acte de foi qui me donne alors une grande paix intérieure.

Cet acte de foi va me suivre toute ma vie. À l'âge de dix-huit ans, j'ai la vertèbre D 12 fracturée dans un accident d'autobus survenu entre la place Saint-Augustin et la gare Saint-Lazare à Paris. Je suis debout dans le couloir, prêt à descendre, lorsqu'une personne se précipite pour traverser devant l'autobus. Le chauffeur donne un grand coup de frein et je tombe sur l'accoudoir d'un siège en retenant une femme de plus de cents kilos qui s'effondre à son tour sur moi. J'entends alors un craquement dans mon dos. La femme se relève et descend de l'autobus. Je la suis, fais un mètre et m'écroule sur le trottoir, la colonne brisée. Comme j'ai quitté l'autobus, la responsabilité n'incombe désormais plus à la RATP et tous les frais médicaux retombent sur mes parents. Je me réveille paralysé sur un lit de l'hôpital Foch à Suresnes. Ne sachant pas que le verdict des médecins me condamne à l'immobilité définitive, je décide de mettre toute mon énergie à guérir. Devant mon obstination, mes parents, au bout de six mois, font venir le chirurgien qui m'a suivi. Celui-ci me fait confectionner un corset à baleines métalliques doté de huit courroies de cuir afin de soulager ma colonne vertébrale. Six mois plus tard je parviens à remuer un orteil. Le chirurgien prévenu par téléphone déclare à ma mère :

« Il est sauvé, l'influx nerveux repasse. »

Je porte ce corset pendant deux ans et demi jusqu'à ce que je le casse définitivement dans une chute de ski en Autriche, alors que je fais mon service militaire dans les éclaireurs skieurs. J'étais parvenu à me faire déclarer bon pour le service. C'est au moment où je passe l'examen pour être officier que le général Blanc, qui commande les troupes, m'interdit de faire l'école de Saint-Maixent, trop exigeante pour mon dos. Il me fait nommer sergent et envoyer en haute montagne, privilégiant ma santé avant tout.

À mon retour en 1954, après ces dix-huit mois d'un service militaire extraordinaire, je me lance dans des stages d'agriculture pour tester mon désir d'être un jour agriculteur. Mon père l'avait exigé afin que je sois sûr de ma vocation.

Début 1955, comme j'avais fait en 1950 une retraite de six jours au foyer de Charité de Châteauneuf-de-Galaure, je participe à une récollection d'anciens retraitants au collège de Lübeck à Paris et c'est là que je fais la connaissance de Martine, qui deviendra mon épouse. Il est cinq heures du soir, nous faisons une pause entre deux conférences, quand Isabelle, l'amie que j'accompagne, me dit qu'elle attend une amie, Martine Ferté. Il me revient à l'esprit que mon père, treize mois auparavant, m'a parlé d'un agriculteur nommé Pierre Ferté, susceptible de m'aider dans mon futur métier. Isabelle me dit alors :

« Tiens, la voilà, derrière toi. »

Je me retourne, et c'est le choc. Intérieurement je sais que je souhaite que cette jeune fille soit mon épouse pour la vie entière :

« Oui, c'est vraiment elle pour la vie ! »

À notre troisième rencontre, je la demande en mariage. Cinq mois plus tard nous sommes mariés.

Pourquoi ce nom de Pierre Ferté a-t-il résonné en moi ?

Pourquoi mon père a-t-il évoqué cet homme quelques jours avant sa mort, le 6 janvier 1956 ?

En 1922, mon père qui faisait l'école d'Agriculture d'Angers avait formé avec six camarades une petite équipe qui, tous les matins, participait à la messe avant de se rendre aux cours. Celui qui l'avait le plus marqué était, contrairement à lui, devenu agriculteur. Et mon père, pressentant sa fin, m'avait recommandé de me mettre en contact avec lui car il pourrait me soutenir dans mon projet d'agriculture.

Cela m'a donné Martine, mon épouse. Pierre Ferté n'était autre que le frère de son père !

J'entends une voix intérieure.

Et puis j'ai connu dans ma vie un autre instant décisif le jour où j'ai entendu en moi ce qui m'a semblé être la voix de l'esprit.

Après avoir eu en 1976-1977 et en 1978 trois crises d'angor, j'en étais réduit à l'inaction, ce qui me pesait énormément. En 1979, on m'a retiré la vésicule qui contenait un caillou de la taille d'une noix. C'était ce caillou que je ne parvenais pas à expulser qui était la cause des crises d'angor. Le chirurgien m'a alors assuré que je pouvais reprendre une vie normale et cesser le traitement pour le cœur que l'on m'avait prescrit pour la vie.

Enfin, en 1980, j'ai été opéré d'un polype cancéreux dans l'intestin. Très fatigué, j'avais aussi été très fatigant pour Martine qui n'en pouvait plus. Nous avons décidé alors de faire une halte et de nous inscrire à une retraite des exercices de saint Ignace, qui se fait sur quarante jours tout au long d'une année. Elle commence donc par vingt et un jours le premier été, puis trois fois trois jours l'hiver suivant, et enfin dix jours le deuxième été.

Le premier été, nous avons deux instructions par jour et, au quinzième jour, notre enseignant, le père Étienne Garin, nous demande de consacrer cette journée à la solitude, au silence et à l'écoute de l'Esprit-Saint en nous.

Nous partons dans la nature, chacun de son côté, avec ou sans sac de repas. En ce qui me concerne, je choisis de m'en passer et de me faire éventuellement inviter par quelqu'un que je rencontrerai sur mon chemin. C'est aussi l'occasion de tirer un enseignement de ce que je vois, de la nature qui m'entoure, des rencontres que je peux faire. Je serai ainsi à l'écoute de ce que Dieu veut me dire.

Une heure de l'après-midi : me voilà à un peu plus de vingt kilomètres de mon point de départ. J'ai faim. En haut d'un petit col, un jeune garçon arrive à bicyclette d'un chemin sur la droite. Lorsqu'il parvient à ma hauteur, je l'arrête et lui demande où il habite.

« Par là-bas », répond-il en se retournant.

Je lui demande alors s'il peut m'inviter à déjeuner. Je le vois mettre son pied sur la pédale :

« Sale c... ! » dit-il. Et il repart à toute allure dans la descente.

Sur la gauche de la route, dans la pente, des vaches brunes broutent paisiblement. Je m'assieds face à ce spectacle et je dis intérieurement :

« Tu vois Seigneur, si j'étais à la maison, j'aurais fini mon repas, je serais dans un bon fauteuil et j'écouterais les informations. Aujourd'hui, Tu dois me parler, je t'écoute. »

J'entends alors une petite voix intérieure qui me dit :

« Tu es triste ?

— Oui, Seigneur.

— Tu es seul ?

— Oui, Seigneur.

— Eh bien, moi, voilà quarante-neuf ans que je vis en toi, et je suis prisonnier, je suis triste et seul aussi, j'ai besoin de tes oreilles pour entendre ceux qui appellent, j'ai besoin de tes yeux pour voir ceux que tu rencontres, j'ai besoin de ta bouche pour parler. Je n'ai rien de tout cela, je suis prisonnier en toi. »

J'ai reçu un coup terrible sur la tête !

« Seigneur, Tu es vivant en moi et Tu ne peux rien faire. *Mais alors, Tu es aussi vivant dans tous les êtres du monde entier !* Seigneur, je veux Te prêter mes yeux pour que Tu voies, je veux Te prêter mes oreilles pour que Tu puisses entendre ceux qui appellent, je veux Te prêter ma bouche pour que Tu puisses t'exprimer. »

Je me suis rappelé alors ce que j'avais écrit en 1955 à l'école d'Agriculture de Grignon où j'étais auditeur libre. Sur une règle de vie que je m'étais faite, j'avais noté :

« Seigneur, je veux être un tabernacle ambulant, Te porter partout où j'irai. Je veux vivre Ta présence en moi. »

« Seigneur, parce que Tu es vivant en moi, Tu es vivant dans tous les êtres du monde entier, donc, je peux Te rencontrer dans les autres. Je peux Te prier, Toi qui es présent dans le cœur de mes enfants, je peux Te demander de Te révéler à eux à chaque instant du jour où de la nuit, où qu'ils soient sur cette terre. Je peux Te demander de Te révéler dans le cœur du préfet de l'Aube que je dois rencontrer dans un mois, pour que Toi, Tu fasses la préparation de cette rencontre, que par Toi, la communion d'amour soit faite entre lui et moi. Je peux Te demander qu'à cet instant précis, là où est le président de la Russie, Tu Te révèles à lui pour que, dans les décisions qu'il a à prendre, l'amour soit présent dans son esprit. Seigneur, je ne veux plus te quitter, je suis responsable de Toi. »

J'ai désormais la certitude que le Christ est présent dans le cœur de tous les êtres humains, qu'ils soient chrétiens, juifs, musulmans ou autres, qu'ils soient indiens, chinois, américains, européens, de partout dans le monde.

Notre baptême est, certes, un engagement dans la religion chrétienne, mais le Christ est dans chaque être et peut faire la communion d'amour entre tous.

Nos maladies.

Je reviens à ces deux journées de septembre 2008 où nous découvrons, Martine et moi, que nous sommes tous les deux malades. C'est donc tous les deux que nous allons affronter ces épreuves sans savoir ce que l'avenir nous réserve.

Martine va se faire opérer le 16 octobre à Reims.

Un jour de fin septembre, elle m'annonce qu'elle désire organiser une fête pour ses soixante-seize ans. Je le dis tout bas car je ne devrais pas dire et encore moins écrire son âge. Je suis cent fois d'accord pour la fête. Cela nous changera les idées.

Les invités ? Tout d'abord notre fille Nathalie dont l'anniversaire tombe le 11 octobre, puis notre petite fille Laurène, née à la même date, sans oublier Julie, épouse de notre premier petit-fils, car nous avons aujourd'hui vingt-quatre petits-enfants. Je souris en écrivant le mot « *petit*-fils » car il mesure deux mètres cinq et son épouse environ un mètre soixante-cinq. Lorsqu'ils dansent joue contre joue, les pieds de son épouse lui arrivent en haut des genoux. Ce beau couple que nous aimons beaucoup va bientôt nous donner notre quatrième arrière-petit-enfant !

Eh oui. Je partage la vie d'une arrière-grand-mère, qui elle-même vit avec l'arrière-grand-père que je suis. Cinquante-quatre ans de mariage, cela vaut le coup. Nous avons beaucoup de chance.

Il y a un cinquième anniversaire, du 12 octobre celui-ci. C'est un jeune Biélorusse que notre fille aînée et son mari accueillent depuis neuf ans pour les vacances, du 15 juin au 15 septembre, et qui va passer maintenant deux ans en France pour apprendre un métier.

Nous nous retrouverons à vingt-quatre pendant deux jours. C'est formidable. Il reste tout à organiser, les repas, le couchage, les cadeaux. Certains vont préparer un plat pour l'un des repas. Fils d'une bourguignonne, je m'occupe du vin. Tout cela contribuera à nous faire oublier nos soucis et le fait que Martine rentre à l'hôpital de Reims trois jours plus tard pour être opérée le lendemain.

Mais, avant de dire ce qu'il s'est passé, je dois raconter ce que je fais chaque année au mois de septembre.

Pèlerinage.

Chaque année, depuis 2004, je participe, entre le mardi et le samedi de la quatrième semaine de septembre, au pèlerinage à Lourdes des personnes atteintes d'un cancer. Quand j'ai adhéré à l'association Lourdes Cancer Espérance en tant qu'ancien cancéreux, avec le projet de soutenir les personnes malades, je ne pensais pas qu'en

2005 je serais à nouveau porteur de cellules mauvaises.

Nous sommes environ 5 500 cancéreux, anciens cancéreux et accompagnateurs. C'est un grand moment.

À quatre heures et demie du matin, nous prenons à Troyes un autocar qui a déjà pris en charge les personnes venant de Vitry et Châlons-en-Champagne. Il nous emmène vers la gare d'Austerlitz où nous attend le train spécial réservé comme chaque année. Partant à dix heures moins le quart, nous atteindrons Lourdes à six heures moins le quart. Le train n'est formé que de wagons de première classe, ce qui, à quatre ou six par compartiment, permet aux personnes très fatiguées de voyager allongées.

L'ambiance est bonne. Les membres de l'association sont répartis par région. Nous passons nous saluer de compartiment en compartiment, et au moment où les repas sortent des sacs, cela devient un temps de partage :

« Goûte mon pâté… Veux-tu de ce fromage ? Qui veut un petit coup de rouge ? »

Puis, après le café ou la tisane, vient le temps du silence et du repos. Le temps passe très vite. Dans l'après-midi nous roulons à 130 km à l'heure au milieu des forêts landaises dévastées par la tempête de 1999. Cela dépasse l'imagination et ces dégâts sont visibles sur des dizaines de kilomètres.

Et puis soudain, l'arrivée est proche. Un haut-parleur annonce Lourdes dans quelques minutes et nous commençons une dizaine de chapelet. Le train ralentit, nous voyons apparaître la basilique, puis la grotte. Le pèlerinage commence vraiment.

Nous sommes accueillis sur le quai par un grand nombre de bénévoles reconnaissables à un insigne fixé sur leur chandail. Ils nous orientent et nous aident à porter nos bagages. Le haut-parleur annonce les numéros des autocars qui nous mèneront vers nos hôtels. Quelle organisation !

Le dîner est prêt pour sept heures, puis tous se retrouvent à l'église Sainte-Bernadette pour l'ouverture du pèlerinage placé cette année sous la houlette de l'évêque de Seez – ville située dans la banlieue de Bourg-Saint-Maurice en Savoie –, Monseigneur Jean-Claude Boulanger.

Chaque année, c'est un évêque différent et donc un nouvel enseignement. Le mercredi nous avons une conférence sur le « chemin de Bernadette », puis l'après-midi une célébration eucharistique et pour finir une procession. Le jeudi la messe est à dix heures, l'après-midi l'association se divise en trois cents à trois cent vingt carrefours dans lesquels six à huit personnes peuvent s'exprimer librement sous la responsabilité d'un animateur. Nous partageons en profondeur ce que nous vivons, notre maladie, nos soucis, nos joies... La journée se termine par une procession mariale après le dîner. Le vendredi arrive déjà ; à partir de neuf heures moins le quart, ceux qui le désirent peuvent se rendre à la piscine. Il est aussi possible de se confesser et soixante prêtres nous attendent dans l'église Sainte-Bernadette. Les personnes qui le souhaitent peuvent recevoir l'onction des malades : ils sont au moins cinq cents chaque année. Beaucoup de souffrances s'y côtoient. Plusieurs chemins de croix sont organisés, tous les quarts d'heure, soit dans la montagne, soit sur la grande prairie située devant la grotte de l'autre côté du Gave, soit dans la maison des grands malades, à l'accueil Notre-Dame. L'après-midi, lors de la célébration eucharistique, a lieu l'onction des malades, et le soir, à huit heures et demie, c'est la veillée d'amitié organisée chaque année par un département différent. C'est une petite fête pour tous.

Le samedi, c'est le jour du retour. Une grande messe nous réunit à neuf heures, et, à onze heures moins le quart, des milliers de ballons s'envolent sur le parvis de la basilique du Rosaire, porteur de foi et d'espérance ; puis c'est le dernier déjeuner ensemble, l'autocar, le train, et l'arrivée à Troyes vers une heure du matin et plus tard encore pour ceux de Vitry et de Châlons.

Ces quelques jours de pèlerinage passent bien vite. Mais c'est un temps d'une grande densité et d'une grande richesse. D'abord par les enseignements reçus et aussi par l'échange qui s'établit entre toutes ces personnes qui portent chacune un lourd fardeau. Jour après jour, heure après heure, nous prenons conscience que le Christ est en nous, qu'il partage nos souffrances et nos soucis et que nous pouvons les lui offrir. Nous ne sommes donc plus seuls à souffrir, à vivre ce que nous vivons, chacun de nous est deux avec Lui. Il est en nous, Il est dans ceux qui nous soignent, dans ceux qui souffrent à nos côtés chacun à sa manière, bien différente l'une de l'autre.

À la fin de la messe du samedi matin, nous brandissons bien haut le foulard que nous venons de porter pendant cinq jours. C'est une envolée qui témoigne des joies reçues durant ces cinq jours !

De nombreux visages marqués par la tristesse à l'arrivée sont aujourd'hui souriants et même rayonnants.

Je reste marqué par une jeune mère de famille souffrant d'un cancer généralisé qui est arrivée écrasée de fatigue et est repartie pleine d'entrain, faisant rire aux éclats tout son compartiment. Quelques semaines plus tard nous avons appris son départ vers Dieu ; elle nous laisse un témoignage extraordinaire.

Pauvres êtres que nous sommes, nous avons besoin de tels témoignages pour renforcer notre foi et supporter le poids de la maladie lorsque nous nous retrouvons seuls avec elle.

« Je crois ».

Je veux remercier Marie à qui Dieu a demandé d'être la mère du Christ, notre Sauveur et Compagnon de vie intérieure. À chaque occasion j'invite les malades à demander à Marie de nous faire connaître son Fils. Ainsi, il devient réalité vivante en nous, compagnon dans notre maladie, présent dans nos cellules saines ou cancéreuses. Nous pouvons alors partager avec Lui nos souffrances, nos demandes. Nous sommes deux en un.

C'est cette présence vivante du Christ en moi qui me permet d'aller intérieurement à la rencontre d'un membre de ma famille, un malade, une autre personne, car eux aussi possèdent le Christ en eux, parfois sans le savoir, et c'est ainsi que, par Lui qui est en moi et en l'autre, peut se réaliser la communion d'amour entre nous.

C'est à travers Lui aussi que je peux prier pour que se réalise la communion d'amour entre une personne qui se trouve à l'autre bout de la terre et ceux qui l'entourent. Je pense à l'un de nos enfants qui est un jour à Manille, un jour en Haïti et bientôt en Asie. C'est pour moi une manière d'offrir à Dieu l'action de notre enfant et sa sécurité dans un pays où les relations sont difficiles. Avec mon compagnon de vie, le Christ en moi, je peux être en paix en pensant à celui qui est loin ou proche, car le Christ qui est en lui, ainsi que dans toutes les personnes qui entourent notre enfant, nous réunit. De même, lorsque je prie pour une personne que je sais en difficulté, je confie ses problèmes à Dieu en Le laissant maître des événements futurs et en Lui disant « Je crois ». Oui, je peux faire cet acte de foi. Merci à Toi, Seigneur, de m'avoir conduit sur ce chemin de paix, même si j'ai un peu peur du cancer qui est en moi. Mais, Toi aussi, tu habites ces cellules cancéreuses, nous sommes deux à les porter.

L'acte de foi peut se refaire tous les jours, surtout dans les moments de doute. On peut demander au Christ d'être le gérant, quand on nous a demandé de prier pour la santé d'un enfant qui ne va pas bien, par exemple. Il est possible de s'adresser au Christ qui est en nous pour lui demander de se révéler à cet enfant ou à toute personne pour laquelle nous prions. C'est à Toi que je confie son avenir, et je te dis : « Je crois ». Après, il reste à faire confiance. Combien de fois avons-nous fait cette prière, cette expérience de vie ! Et combien de fois ai-je pu communiquer intérieurement à travers Lui avec des personnes qui se trouvaient au loin !

Christ, Tu es dans le cœur de mon fils qui est parti à pied à Jérusalem, Tu es dans le cœur de ceux qu'il rencontre chaque jour ; fais la communion d'amour entre eux. Je te dis : « Je crois ».

Christ, Tu es dans le cœur de cette maman dont la fille est dans une secte, Christ, Tu es dans le cœur de ceux qui la retiennent prisonnière ; que Ta volonté soit faite, je te dis : « Je crois ».

Christ, Tu es dans le cœur de cet homme qui est hospitalisé et qui souffre énormément, Christ, Tu es dans le cœur des médecins, des infirmières, des aides-soignants ; fais la communion d'amour entre eux tous, je te dis : « Je crois ».

Tous ces « Je crois » sont irréversibles dans notre cœur, dans notre esprit.

Je pourrais continuer indéfiniment ces exemples, car cette façon d'aborder les difficultés, les inquiétudes et les mauvaises nouvelles est valable en toutes circonstances. Affirmer « Je crois » scelle l'alliance entre le Christ et nous. Cela donne une grande paix intérieure car tout est partagé avec Celui qui vit en chacun de nous.

L'émission RCF Aube.

Le 26 mars 2009, j'ai été convié à participer à l'émission « Un homme, une Foi » qui est enregistrée chaque semaine dans notre région. Lorsque, au cours de l'émission, le responsable m'a demandé d'expliquer ma foi, j'ai dit :

En 1971, j'ai fait avec Martine une retraite de quinze jours en Israël. Un jour où nous nous rendions en autocar de Jéricho à Jérusalem, nous avons, dans cette montée tortueuse, doublé un homme assis sur son âne qui allait également vers Jérusalem. J'ai pensé alors que le Christ, il y a deux mille ans, avait dû emprunter le même chemin, assis lui aussi sur un âne, et que ma vie ressemblait à cet âne qui portait le Christ, pour arriver à la fin de ma vie à la Jérusalem céleste. Pendant toute une partie de ma vie, je croyais que je portais le Christ sur mon dos, qu'Il était à côté de moi. Au fur et à mesure des événements, j'ai pris conscience qu'Il était vivant en moi, dans mon esprit, dans mes peines, dans mes joies, dans mes cellules cancéreuses, dans mes cellules saines. Puis j'ai ajouté que je me sentais aussi une « bête à Bon Dieu », petite coccinelle rouge avec ses taches noires qui, si on la pose sur sa main, escalade le doigt le plus grand, fait une pause, puis déploie ses ailes et s'envole vers le ciel. Elle a des taches noires comme moi. En effet, il m'arrive de temps en temps de faire de mauvaises choses : dire du mal de quelqu'un, penser du mal, regarder, lire du mal. Oui, j'ai des taches noires et je suis bien le mélange d'un âne porteur du Christ et d'une bête à Bon Dieu, si belle.

Exprimé ainsi, vous devez mieux comprendre qui je suis.

Martine est opérée du cerveau.

Le dimanche 12 octobre 2008 au soir, la fête est terminée et, si nous affichons un calme apparent, c'est en réalité la peur qui domine. Penser que Martine va se faire ouvrir le crâne, que l'on va creuser dans son cerveau pour en extraire cette grosse tumeur puis refermer, penser à la douleur qu'elle va éprouver, ainsi que l'a annoncé le chirurgien… Mais comme nous sommes des convaincus de l'homéopathie, Martine écoute les conseils d'une amie médecin à Lyon qui lui recommande de prendre une dose d'arnica 10 000 K deux jours avant l'intervention, puis une dose de 50 000 K la veille.

Le mercredi 15 octobre, je conduis Martine à l'hôpital de Reims. Elle est installée, seule, dans une chambre à deux lits. Puis je rentre à la maison en parcourant les cent douze kilomètres qui me séparent de l'hôpital. Je ne passe pas une très bonne nuit !

Le lendemain, je suis de retour à dix heures : salle d'attente, lecture, prière, déjeuner, puis retour en salle d'attente. Vers seize heures, je contacte une nièce qui est médecin chercheur dans l'hôpital voisin, pour lui demander de m'aider à avoir des nouvelles. Un quart d'heure plus tard elle est à mes côtés, et elle m'apprend que le chirurgien passera dans dix minutes.

Le voici, et ce n'est pas celui qui a préparé Martine et qui devait l'opérer. Il nous dit qu'ils n'étaient pas trop de deux pour assurer les cinq heures et demie d'intervention. Après ouverture et extraction de la tumeur, ils ont également procédé à trois prélèvements osseux et rebouché le trou provoqué par la tumeur avec un ciment d'os spécial avant de refermer. Bon, c'est ce que j'ai compris, mais je ne saurais donner plus de détails : je suis paysan et pas médecin.

Vers six heures du soir, la civière sur laquelle repose Martine passe à côté de moi. Elle est encore à moitié endormie et on la dirige vers le service de réanimation. Une demi-heure plus tard, je peux aller la voir après avoir revêtu une blouse spéciale, un bonnet et une housse sur chaque chaussure.

Martine me voit, je l'embrasse et on se dit seulement :

« À demain. »

Quand j'arrive le lendemain vers onze heures, elle est assise dans son lit, souriante et la tête entourée d'une sorte de turban. Elle me raconte son odyssée de la veille. Descendue vers huit heures en salle d'opération, elle entend la discussion de deux internes. L'une dit :

– « Je crois que le chirurgien ne vient pas ce matin, c'en est un autre qui opère. » Et l'autre confirme. Martine est consternée par cette nouvelle car elle a confiance dans le chirurgien qui l'a préparée et elle ne peut concevoir d'être opérée par un autre chirurgien, d'autant plus que la veille, dans l'ascenseur, elle a rencontré l'anesthésiste qui l'a prévenue qu'il faisait grève ce jour-là ! Il ne lui reste plus qu'à se remettre entre les mains de Dieu et à trouver la paix intérieure. Et tout va se passer au mieux, d'autant plus que « son » chirurgien est présent, et qu'en réalité ils sont donc deux.

Le lendemain, elle n'a plus de turban, mais tout de même soixante agrafes ! Et elle me demande de sortir se promener avec moi pour prendre un peu l'air. Je n'en reviens pas ! Ce deuxième jour après l'intervention, nous allons faire parcouru cent mètres, le jour suivant trois cent cinquante et ainsi de suite jusqu'au huitième jour où je remmène Martine à la maison.

Le Seigneur est bon pour nous. Pourquoi tant nous donner ? Si j'ai envie de l'écrire dans un livre, c'est pour partager avec d'autres cette certitude que le Christ est bien vivant en chacun de nous. Pour le faire découvrir à ceux qui ne le connaissent pas. Pour montrer que, dans la souffrance de notre corps, Il partage avec nous ce qui nous fait du mal. Dès que nous partageons notre douleur avec le Christ, elle devient supportable. Je l'ai expérimenté en de nombreuses occasions.

En 1936, quand j'étais un petit garçon de quatre ans et que j'avais mal, les adultes me disaient : « Offre ton mal au Petit Jésus pour les petits Noirs d'Afrique qui n'ont pas à manger. » C'était ainsi à l'époque et je le faisais. Cela m'a appris à partager ma souffrance avec le Christ. Et dès que j'éprouve de la douleur ou de la peur, je le partage avec Lui qui habite en moi. C'est une source infinie de paix intérieure face à tous les événements que je rencontre dans ma vie.

Combien de fois ai-je répété que je n'avais pas dépassé l'âge mental de quatorze ans ! Aujourd'hui, je dirais dix-huit ans car c'est la majorité. Mais j'aime l'idée d'être un enfant dans les mains de Dieu. J'aime partager ce que je vis avec le Christ présent en chacun de nous. J'aime partager tout ce que je reçois du Christ au lieu de le garder pour moi, car le partage avec Lui donne la paix et la joie intérieures.

Et pourtant, face à ces graves problèmes de santé, nous nous faisons du souci l'un pour l'autre, ce qui est légitime. Nous sommes mariés depuis cinquante-trois ans et nous nous préoccupons l'un de l'autre. Et si nous nous remettons entre les mains de Dieu avec une profonde confiance en ce qui concerne notre propre maladie, cela est plus difficile à atteindre pour la maladie de l'être aimé.

Mais finalement nous parvenons ensemble à vivre nos maladies entre « Lui » et nous dans une paix profonde.

Merci, Seigneur, pour nous avoir fait découvrir et vivre cette vérité révélée par Toi et par les autres.

II

LE DOUTE

Il m'arrive pourtant de connaître des moments de doute.

Mon cancer est toujours là, je me force à ne pas y penser, à ne pas en avoir peur, je cherche comment le détruire, je sais que le moral compte énormément dans la guérison, j'y crois, j'en suis sûr… Et pourtant il y a des jours où je me vois à la fin de ma vie, maigre, blanc, fatigué, ne pouvant plus marcher, les mains reposant sans force sur les draps blancs. J'imagine les petits-enfants venant dire un dernier adieu à Papy, l'enterrement avec beaucoup de monde, l'équipe paroissiale, les paroles qui m'encensent – ils auraient mieux fait de le dire de mon vivant –, et puis l'impossibilité de dire ce que j'aimerais que l'on dise à mon enterrement, et enfin cette froide tombe que j'ai fait réaliser pour ma famille il y a trente-deux ans et dans laquelle je vais me retrouver un jour…

Arrête, Pierre ! Replonge-toi en Celui en qui tu crois. Oui car, à ce moment-là, ton esprit vivant aura rencontré Celui qui est toute ta vie, tu seras dans la lumière, tu seras dans ta vie nouvelle, celle qui t'est promise, celle qui est annoncée à chacun de nous sur cette terre.

Et puis tu n'es pas encore mort, tu peux guérir, tu peux vivre encore longtemps. Et ces pensées négatives te détruisent. Cela suffit !

J'ai tant reçu de Dieu tout au long de ma vie que je ne devrais pas douter, même si j'affronte des moments difficiles. D'autant plus que Martine va mieux, elle va même bien.

Et, comme beaucoup de monde, je dévore les pages « santé » des journaux et magazines en espérant l'annonce de nouveaux traitements susceptibles de guérir les cancers. Cela viendra sûrement un jour, mais quand ?

Je suis abonné au même journal que celui que, en 1954, mon père lisait à la veille de sa mort. Je lis le *Figaro* et je sais que certains lecteurs vont réagir en pensant que je suis de droite. Oui, je vote « à droite », et j'ai le cœur « à gauche » dans mon comportement vis-à-vis des hommes. Je cherche pour eux une élévation et une qualité de vie meilleure, je suis pour un meilleur partage des richesses engrangées par les entreprises de toute sorte, je pense que ceux qui travaillent doivent être intéressés aux résultats. L'homme doit venir travailler en sachant qu'il touchera une part du fruit du travail. C'est possible, je l'ai pratiqué toute ma vie dans mon exploitation agricole. Et le faire en compagnie de Dieu donne une paix totale car je suis persuadé que plus on donne, plus on reçoit ce qui nous est nécessaire pour vivre chaque jour.

En 1954, le *Figaro* annonçait le nouveau traitement par aiguilles radioactives plantées dans la tumeur cancéreuse. Dans la page « santé » d'aujourd'hui, je lis que l'absorption de certaines molécules sous la forme d'un médicament X peut arrêter la progression d'un cancer. J'envoie l'article à mon médecin phytothérapeute qui me répond :

« Tu peux prendre ce médicament, mais attention, évite les événements qui te maintiennent trop en rapport avec le cancer. Ce n'est pas bon pour toi. Par contre, positive, évite de penser que tu as un cancer, cultive les pensées de vie et de santé.

Amitiés.

Jean-Claude. »

C'est vrai, à trop penser à mon cancer, je le cultive. Merci à mon médecin de me le rappeler. Je vais donc passer la fin de l'année 2008 en essayant d'oublier l'examen de ma prostate sur laquelle apparaît cette tumeur de deux centimètres et demi. Le Christ est dedans et vit tout cela avec moi, et moi je vis tout cela avec Lui.

En janvier 2009, je me rends chez mon médecin, quatre mois après la précédente consultation comme il me l'a demandé. Il n'y va pas par quatre chemins :

« Pierre, tes analyses sont très mauvaises, tu as un incendie de cancer dans le ventre ; il faut changer tes médicaments et tu sais que l'on ne peut pas t'opérer à cause des métastases qui progressent tout autour. »

Je lui demande si je dois faire de la chimiothérapie ou de la radiothérapie. Il me répond « pas encore », que nous verrons plus tard si cela se révèle nécessaire. Il me donne ma nouvelle liste de médicaments à base de plantes. Mon moral est bon, je fais confiance à mon médecin, je suis avec le Christ, je suis un tabernacle ambulant et vivant. Je m'accroche à cela et je suis en paix. Avec Lui je vivrai tout ce que j'ai à vivre.

Je repense aussi aux voyages avec Lourdes Cancer Espérance, je revois le courage de tous ces malades. Et puis ma « Maman du ciel », Marie, qui m'a donné le Christ, est là avec moi. Alors je reprends courage, je chasse les idées noires et tout ce qui peut me faire du mal.

Je pense aussi à l'esprit du mal qui peut rôder autour de moi, dans ma tête, et je le renvoie, je le chasse. Il est si sournois que, quand on le chasse d'un côté, il revient par l'autre !

Je reprends avec courage ma marche quotidienne, elle me fait tant de bien. Et pourtant ce n'est pas toujours facile.

Le cancer de mon jeune frère.

Mon jeune frère, mon cadet de dix ans est lui aussi atteint d'un cancer. Je reçois de mauvaises nouvelles, c'est très grave. Mon autre frère, Guy, sort peu à peu d'un cancer grave. Il a perdu vingt-trois kilos, il a été opéré et on lui a retiré l'œsophage et l'estomac. Il est à huit petits repas par jour. Mais il garde un moral d'acier ! Il médite, il serre les dents, il s'oblige à marcher, à forcer son corps. Il a déjà repris sept kilos à force de volonté.

Le cancer se guérit à la fois par la douceur et par la force de caractère. Il faut envisager l'avenir avec confiance. Oui, je mange, oui, je marche, oui, j'essaie de dormir la nuit, oui, j'agis, oui, je vis, oui, je peux le faire, oui, oui, oui à la vie qui est en moi. Je ne veux pas l'éteindre, je ne veux pas l'étouffer. Pour guérir j'ai besoin de l'espérance, qu'elle soit dans tout mon être, dans toutes les situations qui se présentent à chaque instant.

J'accompagne un homme qui a un cancer des poumons, les médecins le laissent fumer car il ne peut se défaire de cette addiction. Cela nous choque un peu, mais nous finirons par comprendre que ses médecins savaient l'issue fatale. C'est un homme bon, plein de courage et de projets d'avenir ; ainsi il veut aller rendre visite à sa sœur qui vit en Espagne et passer quelques mois d'hiver avec elle. Et puis il a le courage de s'abstenir de tout ce qui est vin et alcool, alors qu'il en consommait avec plaisir. Et il se tient à sa résolution. Bravo à lui ! Je ne crois pas que j'aurais autant de force à sa place.

Je rends aussi visite à deux amis atteints de la maladie d'Alzheimer. L'une de ces personnes, qui est restée dans le silence pendant trois mois, m'a dit un jour en rentrant d'une promenade ensemble :

« Pierre, veux-tu un chocolat ? »

Je suis surpris de l'apparition de ces instants de lucidité chez une personne qui est dans le silence depuis des mois. La même personne a répondu à son mari qui lui disait :

« Je t'aime, je t'aime !

Je sais que tu m'aimes, Monsieur Jérôme ! »

Depuis des années, j'ai envie de travailler à un livre commun avec une personne qui apprend qu'elle est atteinte de cette maladie. Je l'ai proposé à la deuxième personne que je visite ; elle m'a répondu qu'elle était trop atteinte pour ce projet, qu'elle n'en avait pas la force.

Je suis sûr de ce que je vis depuis le 16 septembre 2008, date à laquelle j'ai appris le réveil de mon cancer de la prostate. La paix que me donne le Christ qui est en moi me permet de rester positif. Je vis avec en moi cet intrus de cancer qui me gêne, et, en même temps, règne dans mon esprit l'évangile de saint Jean 15, 1-8 qui me rappelle que chacun de nous est un sarment sur la vraie vigne du Seigneur. La vraie question à se poser est : « Quel genre de sarment est-ce que je veux être ? » Choix qu'il faut savoir refaire fréquemment au cours de sa vie.

Retour sur le passé.

Cela me rappelle l'expérience extraordinaire vécue avec ma mère il y de cela plus de trente ans.

En 1974, alors qu'elle partage son appartement avec ma sœur Marie-Odile, cancérologue, qui a son cabinet sur place, elle apprend qu'elle a un cancer. Son bonheur, c'est de s'occuper du téléphone et de donner des rendez-vous aux malades. Elles travaillent ainsi toutes les deux ensemble. Dix-sept ans plus tard, elles continuent, mais ma mère attrape la gangrène dans un doigt. Couchée vingt-deux heures par jour, elle s'accroche à la vie et continue même à répondre au téléphone quand elle le peut. Mais son état empire et bientôt il lui faut une infirmière la nuit. Comme cela coûte très cher, nous décidons de nous relayer : ma sœur assure trois nuits, mes frères et moi assurons les autres. J'arrive à Paris chaque mardi par le train de six heures et demie. Je le fais depuis des mois quand, un soir, le 24 mars 1992, je lui dis :

« Maman, cette nuit, tu laisses ton cœur s'arrêter, tu vas retrouver ton mari et connaître Dieu. J'ai appelé tous tes enfants pour qu'ils soient avec toi. »

À trois heures du matin, son cœur s'est arrêté. Ses enfants l'entouraient. J'ai compris plus tard que le 25 mars était le jour de l'Annonciation, elle qui avait tant annoncé le Christ aux autres tout au long de sa vie.

J'avais appris cette manière d'agir avec ceux qui s'accrochaient douloureusement à la vie pour éviter de peiner leur entourage par l'une de mes belles-filles qui avait autorisé son premier mari, âgé de vingt-sept ans, à la quitter en laissant son cœur s'arrêter. Elle lui avait affirmé qu'elle se sentait assez forte pour s'occuper seule de leurs deux enfants. Un quart d'heure plus tard, son cœur s'arrêtait. Donner la permission de partir à un grand malade peut être une manière de l'aider. Il est nécessaire de se sentir suffisamment fort pour pouvoir faire cette proposition.

Aujourd'hui je me sens démoralisé. Je reviens de rendre visite à mon jeune frère, il zozote, il a du mal à s'exprimer. Serai-je un jour ainsi, plus tard, lorsque ce sera mon tour ? Ceux qui me verront ne me le diront pas mais ils penseront : « Il n'en a pas pour six mois… » comme je suis en train de me le dire après avoir vu mon frère.

J'ai la peur au ventre. Je ne parviens pas à prier. Je ne parviens pas à appeler Celui qui vit en moi, mon Compagnon de vie, de route, Celui à qui j'ai offert toute ma vie. En ce moment Il garde le silence. Pourquoi ?

Il faut dire qu'en ce moment je ne suis pas gâté. Il y a six jours, je me suis cassé trois côtes en tombant. J'ai mal et je souffre aussi de sentir ces morceaux de cartilage et d'os qui se déplacent dès que je fais un geste ou me retourne dans mon lit. Au bout de trois nuits, j'ai enfin trouvé un système pour arrêter le « cloc-cloc » de ces morceaux d'os qui passent les uns sur les autres. Je gonfle très fort mes poumons, je bloque l'air, me retourne et vide l'air. Je fais la même chose lorsque je dois me baisser.

S'il n'y avait que cela ! Mais j'ai aussi très mal à l'épaule. Une radio, puis une IRM montrent un muscle atrophié, deux morceaux d'os de trois ou quatre millimètres qui se sont détachés de quelques millimètres, la tête de l'humérus qui s'émiette et pour finir un kyste au milieu de tout cela. Certains, en lisant ce que j'écris, pourront penser :

« Mais qu'a-t-il fait au Bon Dieu pour mériter tout cela ? »

Pour moi, commettre un péché, c'est faire quelque chose de mal en sachant qu'on le fait contre la volonté de Dieu amour, pour l'offenser volontairement.

Après tout ces petits ennuis accumulés, il suffit d'une messe à laquelle je me rends avec Martine pour recevoir un apaisement intérieur, car sur les chaises devant nous se trouvent cinq jeunes de l'Arche, handicapés à vie, avec leurs accompagnateurs. Cela redonne leur vraie valeur aux choses. Comment me plaindre de mes problèmes face aux leurs ! Je me mets à prier pour ces jeunes, « Seigneur, prends pitié », puis pour leurs accompagnateurs et enfin pour tous les handicapés du monde, pour le fondateur de l'Arche, Jean Vanier, et pour tous ceux qui consacrent leur vie à aider les handicapés.

Un jour, j'ai entendu à la radio Jean Vanier qui racontait l'histoire suivante :

« Je recevais un jour dans mon bureau un homme riche, quand un jeune handicapé mental est entré sans frapper ; un grand sourire lui emplissait le visage. Quand il est reparti, mon visiteur a dit : “Pauvre garçon, que c'est triste de voir cela...” Et je me suis demandé intérieurement qui était le plus heureux des deux sur la terre, le riche ou le pauvre ? Le pauvre n'a pas le souci d'avoir trop d'argent » (c'est ainsi que j'ai entendu ce qu'exprimait Jean Vanier).

En tout cas, en sortant de l'église, j'avais retrouvé toute mon énergie. Merci à Toi, Seigneur, d'avoir pu participer à cette messe avec tous ces frères qui m'ont aidé à recadrer ma situation. Sachons regarder les événements que nous vivons avec un peu de recul, car il s'agit souvent, à travers les autres, d'un clin d'œil de Dieu pour nous rediriger vers la Vérité. Oui, il est merveilleux de s'abandonner à Dieu, d'avoir une confiance totale en Christ qui s'est fait homme et qui vit en chacun de nous, avec et en nous.

Puis-je avouer aujourd'hui que, quand je vois l'image de ma tumeur toute ronde, grosse comme une pièce de deux euros, je pense à la communion du dimanche. Elle est de la taille de l'hostie. Je demande pardon à ceux que ma comparaison pourrait froisser, mais le Christ est tellement en moi que je peux dire que je communie avec Lui dans mon mal. Cette pensée m'est venue souvent, et l'exprimer m'apporte une véritable paix intérieure, car je désire que l'on comprenne comment je vis en réalité cette maladie.

Merci, Seigneur, d'être présent en chacun de nous. Nul n'est exclu, mais c'est à chacun de Le rencontrer. Pour cela il faut être en état d'écoute face à tout ce que nous vivons au quotidien. À l'écoute de ce qui nous arrive, dans l'analyse permanente des événements, car Il est là à chaque instant et se révèle par l'Esprit-Saint si nous Lui en offrons la possibilité.

Aussi, n'hésitons pas à partager tout ce que nous recevons de bon. Je pense que c'est la raison qui me pousse à écrire ce livre.

Je tiens à développer également la notion d'être en « état d'écoute » en témoignant de ce que j'ai vécu pendant l'été 2010.

À la fin du mois d'août, je revenais des Alpes et me dirigeais vers Colmar pour rendre visite à une amie atteinte d'un cancer et traitée dans un centre de cette région. Quelques jours auparavant, j'avais entendu raconter à la radio l'histoire suivante :

Un homme plus que croyant était persuadé que Dieu le protégerait toujours et le sauverait de toutes les situations difficiles. Si bien qu'un jour, alors qu'il marche sur une plage, il est pris dans les sables mouvants. Alors qu'il en a jusqu'aux chevilles, un camion de pompiers passe sur la route voisine, et les pompiers, voyant sa situation, lui proposent de l'aide. Certain que Dieu est là pour l'aider, il décline l'offre. Deux heures plus tard, alors qu'il est enfoncé jusqu'en haut des cuisses, un couple passe sur la route et lui propose de l'aide. Il décline de nouveau cette offre, affirmant qu'il maîtrise la situation. Deux heures plus tard il est enfoncé dans le sable jusqu'à la ceinture ; lorsque deux cyclistes veulent l'aider, il refuse également. Trois heures plus tard il disparaît dans les sables mouvants. Il se retrouve au ciel où il rencontre Dieu. Il lui dit alors : « J'avais en vous une confiance illimitée et vous n'êtes pas venu me sauver ! » Dieu lui répond alors : « Je t'ai envoyé les pompiers, un couple et deux cyclistes, et tu n'as pas voulu de leur aide… »

Un petit récit qui marque bien l'importance de l'attention aux messages de Dieu qui nous environnent.

Au moment où j'ai rendu visite à notre amie malade, elle m'a dit : « Dieu m'abandonne totalement, je n'ai plus de signe, plus d'espoir, rien ne me parle. » J'ai insisté alors sur le fait que Dieu nous parle plusieurs fois par jour. Elle a commencé par le nier et puis soudain elle m'a dit :

Mais oui, Pierre. Hier, vendredi, un prêtre canadien est venu parler l'après-midi dans l'église du village, or hier matin à onze heures, une infirmière que je ne vois que rarement m'a signalé cette conférence et m'en a donné l'heure. Et à onze heures un quart une autre infirmière m'a proposé d'y aller. Malheureusement, le temps de m'habiller, de me trouver un fauteuil roulant et d'aller jusqu'à l'église, tout le monde en sortait. Eh bien Pierre, le dernier qui est sorti était le prêtre canadien et quand il m'a vu, il s'est assis à côté de moi et nous avons pu parler pendant un quart d'heure. Oui, Pierre, Dieu intervient.

Oui, Dieu nous parle de multiples façons, alors sachons être en permanence à l'écoute des signes, des événements et des rencontres à travers lesquels Il nous manifeste Sa présence.

2009 est là.

Les quatre premiers mois de l'année se passent bien. Je m'occupe de moi et je refuse tout ce qui n'est pas bon pour ma santé.

Lorsque je rends visite à mon frère, toutes les trois semaines environ, il ne me parle pas de lui. À la question « Ça va ? » ou « Comment te sens-tu ? », il me répond « Oui, ça va, et toi ? Parle-moi de Martine, des enfants ».

Et puis, début juin, mon frère Guy me prévient que Jean-François est hospitalisé à Sens. Il a fait une chute dans une rue de Courtenay, s'est cassé un os du pied gauche et s'est évanoui pour se réveiller à l'hôpital.

Je pars aussitôt pour Sens mais le moteur de ma voiture éclate en chemin. Il me faudra quatre heures pour rentrer à la maison avec la dépanneuse. Ma voiture achetée à 175 000 kilomètres en a 285 000. Elle a fait son devoir.

Le lendemain, je repars pour Sens et le trouve au lit avec son bon sourire. Il a envie de sortir. Je consulte le médecin qui me dit que, la femme de mon frère Guy ayant demandé des examens plus approfondis, il s'avère que le cancer de Jean-François s'est étendu à sa poitrine en plus de sa prostate et des os de la hanche. Dix jours plus tard, il entre en maison de repos dans la banlieue de Sens. À chaque visite je le trouve de plus en plus pâle, mais toujours souriant, soucieux d'avoir des nouvelles de tous, et formant même quelques projets pour l'avenir.

Pour moi la vie se poursuit, je m'oblige à rester positif. La nuit, vers deux heures du matin, je prends un livre pour me détendre et m'aider à me rendormir. Je retourne voir mon médecin à Paris dans cinq jours, et je dois dire que je ne comprends rien aux résultats de mes dernières analyses de sang. Je me sens bien.

J'apprends que ma belle-fille, l'épouse de celui de mes fils qui a repris la ferme en 1995, accueillera chez nous, avec trois de ses amies, le jour où je serai à Paris, une vingtaine d'enfants de moins de treize ans qui vont venir jouer et se détendre dans notre belle campagne. Je m'arme alors de courage et je sors la tondeuse car je veux que les alentours de la maison soient beaux. Je nettoie ensuite le jardin potager, retire toutes les mauvaises herbes, ramasse et fais brûler toutes les branches cassées pendant l'hiver qui traînent un peu partout. Pendant quatre jours je travaille deux heures le matin, trois heures l'après-midi. Je prends deux à trois douches par jour, je me sens la force de faire tout ce travail, le corps tient le rythme. Que c'est bon ! Je revis.

Le quatrième soir, je regarde le travail accompli. Tout est beau, tout est net. Comment ai-je pu faire tout cela alors que je suis malade ? Je ne sais pas, mais l'essentiel est que j'aie pu le faire et que je suis heureux.

Bonne nouvelle.

Comme à chaque visite, je trouve mon ami médecin assis derrière son bureau. Tout sourire, il me dit :

J'ai reçu le compte rendu de tes examens de sang, ta thyroïde a énormément diminué, la nécrose est redevenue normale, la membrane a diminué des deux tiers, la folliculine a diminué de moitié, tout ce qui est stress en toi a disparu, on sent que tu es calme intérieurement, c'est super. Tout cela fait la cause de ta réussite contre le cancer, ton cancer ne peut plus agir, tes analyses de sang sont revenues à la normale, il est en dormance, il n'y a plus d'index de progression.

Tu as vingt ans devant toi, donc jusqu'à quatre-vingt-dix-sept ans.

Puis il se lève, me prend par les épaules, et m'embrasse. Lorsqu'il retourne à son bureau, il essuie une larme. Il est heureux, et moi encore plus.

Je lui dis :

« C'est grâce à toi, tout cela. »

Il me répond :

« C'est notre travail à tous les deux, les analyses montrent que le stress que tu montrais a énormément perdu en puissance, tu n'en as plus pour ainsi dire, et le calme intérieur qui règne en toi est une grande cause de réussite. Il y a aussi l'effet des plantes que tu prends, il y a ta foi, tes prières, ta volonté de refuser tout de qui fait du mal. »

Tout ce qu'il m'a conseillé de faire en novembre, je l'ai suivi à la lettre. Conclusion : tout ce qui nourrit le cancer est passé de l'indice 370 à 27. Mon cancer de la prostate est désormais en « dormance ».

Et moi, bêtement, je me demande :

« Qu'est-ce que je vais faire de tout ce que j'ai écrit ? »

J'appelle Martine dès que je suis sorti. Je jubile, je flotte sur un petit nuage. Ceux qui me voient passer doivent se demander si je suis fou ! S'ils savaient…

Pourquoi cela m'arrive-t-il, pourquoi cette formidable nouvelle, pourquoi avoir commencé ce troisième livre ? Pourquoi aujourd'hui, pourquoi moi, pourquoi, pourquoi ??? Quel bonheur !

Quand je rentre à la maison, je trouve les jeunes invités en train de jouer au foot, de s'amuser avec le tuyau d'arrosage ou de lire tranquillement. Ma joie intérieure est immense, mais, devant les jeunes mères de famille présentes, je ne raconte pas ce que nous venons de vivre avec Martine pendant onze mois car nous n'avons prévenu que nos six enfants et leurs conjoints, ainsi que nos frères et sœurs, beaux-frères et belles-sœurs et quelques intimes. Nous avons agi ainsi pour ne pas faire souffrir nos petits-enfants car nous avions pu constater leur désarroi lorsque le beau-père de l'une de mes filles est décédé d'un cancer l'an dernier. Nous n'avions pas voulu raviver leur chagrin par cette nouvelle épreuve.

Le soir même, j'appelle nos enfants pour leur annoncer la bonne nouvelle : mon cancer est en dormance. Et je me réjouis de leur avoir demandé le silence sur ce qui m'arrivait.

Le lendemain, j'appelle mes beaux-frères et belles-sœurs pour leur annoncer la nouvelle. Il y a un peu de scepticisme chez certains.

Puis je téléphone à l'amie de Martine qui a été notre témoin de mariage et qui a été supérieure d'un couvent de religieuses en Bretagne. Je lui avais demandé de prier pour nous dès le début.

Je lui explique que la médecine que j'ai choisie, la phytothérapie, est une médecine onéreuse car les médicaments à base de plantes sont de moins en moins reconnus par la Sécurité sociale et sont donc de moins en moins remboursés.

En revanche, aux États-Unis, où mon médecin se rend de temps en temps pour travailler, on lui offre laboratoire, lits d'hôpital, aides pour prouver la qualité de sa médecine. Tout cela gratuitement. Il est désespérant de voir qu'en France son travail n'est ni soutenu ni reconnu. Et ce très bon médecin va bientôt prendre une retraite bien méritée.

Jean-François nous quitte.

La vie a repris son cours normal. Nous sommes heureux et dans la paix. Mais, pendant ce temps, mon frère Jean-François a été de nouveau hospitalisé. Je vais le voir deux à trois fois par semaine. Que vit-il intérieurement ? Il reste assez silencieux. Nous sommes en juillet, il est accroché à la télévision placée en face de son lit pour suivre le Tour de France. Je me dis que cela permet à bien des gens d'oublier leurs soucis. Chaque fois que j'arrive, il regarde le Tour, et quand je repars, il le regarde toujours. Il reste silencieux et partager quelque chose avec lui me paraît presque impossible. Un dimanche en début d'après-midi, le téléphone sonne, c'est mon frère Guy :

« Pierre, Jean-François est dans le coma. »

Une minute plus tard je suis dans la voiture, mais après quinze kilomètres il me rappelle.

« Pierre, c'est fini. »

Ainsi va la vie. Ainsi va le départ de cette terre. Ainsi va l'entrée dans la Lumière que nous ne connaissons pas. Nous pensons bien sûr qu'un jour ce sera notre tour. Nous découvrirons alors la vérité de ce qu'est pour chacun de nous l'entrée dans la vraie vie d'amour, de paix et de charité, et cela pour l'éternité. Nous retrouverons les nôtres qui sont partis avant nous.

C'est une grande page à tourner. Mon frère Hubert, ma sœur Marie-Odile et mon frère Jean-François sont tous trois morts d'un cancer. Nous ne sommes plus que deux frères. Que nous réserve l'avenir ?

J'ai intérieurement la joie d'entrer dans ma cinquante-troisième année de mariage avec Martine, d'avoir six enfants, trois garçons et trois filles, vingt-quatre petits-enfants et quatre arrière-petits-enfants, déjà. Que la vie passe vite ! On aimerait l'apprendre à nos descendants, mais chaque être humain doit vivre sa propre expérience.

Tout ce que je viens de vivre encore depuis un an me montre que je reçois beaucoup. Quelle est la volonté de Dieu sur ce que je vis, sur ce que je dois vivre dans l'avenir ? Pourquoi avoir envie de l'écrire ? Peut-être cela aidera-t-il au moins une personne ?

« Seigneur, que Ta volonté soit faite, que Ta volonté soit une fête ! Merci pour tout, et je Te fais confiance pour l'avenir. Vraiment, je me remets entre Tes mains. »

Transmettre ce que j'ai reçu.

Je ne sais pas quel est le désir de Dieu sur moi, sur notre couple, sur les trois générations qui nous suivent.

Je ne sais pas non plus que faire des pages que j'ai écrites ces derniers mois. Mais encore une fois ma confiance totale en Christ me donne une réponse beaucoup plus rapidement que je n'aurais pu l'imaginer.

Chaque année se déroule, à l'école d'Agriculture de Sainte-Maure proche de la maison, une semaine de prière et de réflexion qui réunit une centaine de jeunes gens de huit à dix-huit ans, garçons et filles. Il y a des jeux, des rencontres, des prières, des enseignements, des méditations, des marches, etc. L'encadrement est assuré par des adultes qui consacrent beaucoup de temps à la préparation de ce camp et une semaine de leurs vacances pour l'animer. Depuis plus de vingt ans, cette belle entreprise aide les enfants et les jeunes à faire mûrir en eux la paix et la joie. Cette rencontre se termine le dimanche par une messe célébrée par notre évêque Marc Stenger, suivi d'un repas tiré du sac sur la pelouse de l'école.

Nous sommes déjà une dizaine lorsque notre évêque vient s'installer au milieu de notre groupe. J'ai envie de lui raconter ce que je viens de vivre, et, au bout d'un quart d'heure, je me lève et viens me mettre à côté de lui. Je lui dis :

Bonjour, Père, je vous ai rencontré en février dernier et je vous ai demandé si, comme pour mes deux premiers livres, vous me feriez la préface du troisième livre que j'ai commencé en septembre dernier lorsque mon médecin parisien m'a annoncé que le cancer de la prostate que l'on voyait sur les scanners depuis 2005, et qui était en somnolence, était reparti avec force. Or, il y a un mois, mon médecin m'a annoncé que mon cancer était retourné en dormance. Je me trouve comme un idiot avec tout ce que j'ai écrit et je ne sais plus quoi faire.

Notre évêque m'a bien regardé, et, au bout de quelques secondes, il m'a dit :

« Pierre, vous avez encore un grand chapitre à écrire. »

Puis il me l'a dit une seconde fois.

Je l'ai remercié et suis retourné à ma place tout gêné. Que voulait-il me dire par là ? Probablement que ce que j'avais écrit devait rester, mais le grand chapitre, sur quoi devais-je l'écrire ? Je me suis dit que l'on verrait bien.

Le lundi, un ami lillois, chirurgien en retraite, a appelé en disant :

« Je vais mercredi à Lyon, est-ce que je peux faire une halte et venir déjeuner chez vous vers treize heures ? »

Nous étions d'accord, bien sûr.

Au cours de ce repas, il nous dit :

« Lorsque l'on annonce à quelqu'un qu'il débute un cancer, il faudrait lui dire à cet instant-là que cette maladie n'est pas plus grave qu'une autre et qu'il ne faut pas s'en faire une montagne. Il faut simplement décider de vivre dans la paix en chassant les idées noires, en chassant de son esprit tout ce qui fait du mal, en refusant les mauvaises lectures, les mauvaises émissions de télévision, les mauvais soi-disant amis qui ne sont pas positifs. Ayez des idées positives, oubliez que vous avez un cancer, le moral c'est quarante pour cent de la guérison. Ayez un régime alimentaire adéquat, faites de l'exercice physique comme la marche, c'est bon. Vous pouvez maîtriser votre cancer débutant et le faire disparaître. Dans ma vie de chirurgien, j'ai vu plusieurs cas de ce genre. »

Alors je lui ai répondu :

« Super, je viens de vivre cette expérience, elle est réelle. Merci, vous venez de me donner le dernier chapitre que mon évêque m'a annoncé dimanche dernier. »

J'ai vraiment reçu ses paroles comme un clin d'œil de Dieu. Il n'a pas attendu trois jours pour me faire comprendre ce que je devais faire : continuer ce livre pour annoncer cette bonne nouvelle à ceux qui débutaient cette maladie.

Je suis certain que ceux qui vivent avec un cancer depuis déjà un moment peuvent prendre le train en route. Car cette manière de vivre offre vraiment quarante pour cent des chances de guérir. Combien de fois ai-je pu l'entendre dans ma vie !

Mais la semaine n'est pas finie. Le vendredi, je prends le train à Troyes pour me rendre à Paris, et je passe auparavant par la librairie de la gare et me laisse attirer par un titre de livre : *L'Homme qui voulait être heureux*, de Laurent Gounelle aux éditions Anne Carrière. Je l'achète et je lis à la page 109 :

Jésus répond à des aveugles qui le supplient de les guérir (Mt 9, 28).

Jésus leur dit :

« Croyez-vous que je puisse faire cela ? — Oui, Seigneur, lui répondirent-ils. Alors il leur toucha les yeux en disant : Qu'il soit fait selon votre foi ! »

— Il a vraiment dit cela ?

Lisez vous-même, dit-il en me tendant la bible ouverte. Vous remarquerez qu'il ne dit pas : « Moi, Jésus tout-puissant, j'ai le pouvoir de vous guérir. » Non, il leur demande s'ils croient qu'il a ce pouvoir, puis il leur dit qu'ils obtiendront ce en quoi ils croient. C'est très différent.

Donc, en cinq jours, je reçois trois paroles par trois personnes qui ne se connaissent pas, trois paroles qui m'encouragent à être témoin de ce que je vis depuis le début de ce deuxième cancer en 2005. Toutes ces paroles vont dans le même sens.

Carrefour à Lourdes.

Aujourd'hui 23 septembre 2009, je reviens du pèlerinage de Lourdes Cancer Espérance. Il m'a été demandé d'animer un carrefour, ce que je fais chaque année avec plaisir depuis 2004.

Trois cent vingt tables réparties dans la ville de Lourdes accueillent chacune un responsable et huit personnes atteintes d'un cancer ou anciennes cancéreuses. Chaque pèlerin est convoqué dans une salle et tire un numéro dans un sac à l'entrée pour connaître sa place. À sa table, il est invité à raconter son histoire en tant que malade.

Nous avons alors constaté que la majorité des personnes présentes avaient caché ou essayé de cacher leur cancer à leurs proches. J'ai été effrayé de constater qu'à ma table ils étaient exactement six sur huit. L'une n'avait rien dit pendant trois mois, même à son mari, l'autre avait interdit à son conjoint d'en parler à leurs enfants...

En tant que responsable du groupe, je n'avais pas à intervenir dans les témoignages, mais comme je bouillais intérieurement, j'ai fini par demander la permission d'intervenir un instant bien que cela ne soit pas prévu. Comme ils étaient tous d'accord, je leur racontais donc ce que j'avais vécu depuis un an. Puis je leur ai redonné la parole. Ils se sont alors exprimés sincèrement, ils ont constaté que leur silence volontaire avait créé un autre mal dans leur esprit, mal encore plus douloureux que leur maladie. Peut-être même ce silence avait-il aggravé leur état. Une chose est sûre, cela m'a confirmé dans la nécessité d'écrire ce livre.

Difficultés du quotidien.

Depuis le retour de Lourdes, je vis de nombreux événements difficiles alors que j'aimerais vivre définitivement en paix.

C'est tout d'abord le départ de la terre de mon frère cadet – pourquoi lui, encore si jeune ? –, puis l'épreuve que vit l'une de mes filles, quittée par son mari, et enfin le décès accidentel de l'une de mes belles-sœurs.

Ma fille souffre d'avoir vu sa vie de couple basculer après vingt-deux ans de mariage. Elle a regagné la France avec juste une grosse valise, laissant tout derrière elle au Canada où elle vivait heureuse dans une belle maison à Montréal depuis plus de dix ans.

Ma belle-sœur est décédée brutalement dans un accident de la route. Nous nous sommes rendus à ses obsèques en Bretagne où elle vivait depuis très longtemps. Là, j'ai pris conscience, en voyant le grand nombre de personnes présentes à sa messe d'enterrement, qu'elle avait mené un très grand nombre d'actions en faveur de ceux qui l'entouraient : enfants, amis, vieillards, mairie, personnes malheureuses ou démunies… Au retour, tout au long des sept cent quarante kilomètres, nous nous sentions, Martine et moi, le cœur rempli de toute la beauté de sa vie dont nous ignorions presque tout. Nous avons revu nos neveux et nièces, chacun dans sa beauté intérieure. Et nous avons également été touchés par les superbes témoignages de ses petits-enfants, évoquant tout ce que leur grand-mère leur avait apporté.

Dans tout ce que je vis en ce moment, j'essaie de voir d'abord le beau et le bon et d'éviter tout ce qui peut me faire mal. Mais je suis plongé malgré moi dans toutes les difficultés de la vie. C'est notre quotidien à tous. Mais nous ne le vivons pas seul puisque nous sommes un tabernacle pour le Christ. Il partage donc tout avec nous. Nous sommes deux avec Lui.

Heureusement, c'est notre quotidien à tous les deux, le Christ et moi. Je peux même dire à tous les trois, car je partage ce quotidien avec Martine, la compagne de vie qui m'a été donnée par Dieu depuis 1956. Et même à six avec nos enfants, à douze avec leurs conjoints, et plus encore aujourd'hui avec nos vingt-quatre petits-enfants, nos quatre arrière-petits-enfants, sans oublier tous les amis qui nous entourent.

III

NOTRE FILLE DOROTHÉE NOUS QUITTE

Le soir du 10 janvier 1962, nous partions à Troyes en voiture pour la réunion mensuelle des équipes Notre-Dame, et Martine tenait sur ses genoux le plat principal que nous étions chargés de préparer. Au moment où nous traversions le passage à niveau de Pont-Sainte-Marie, Martine me dit soudain : « Pierre, va vite à la clinique, je sens que le bébé arrive. » Je la dépose et vais vite apporter le plat préparé au groupe participant à la réunion. Je reviens aussitôt et quelques minutes plus tard naît notre quatrième enfant, une fille que nous prénommons Dorothée, ce qui signifie : « Don de Dieu ».

Dès son plus jeune âge, Dorothée anime la maison par son attitude passionnée : elle collectionne tout, veut tout, demande tout, s'occupe de tout et aime sans limites. Excessive en tout, elle est un puits d'imagination, un puits de souffrances, un puits de joies. Elle passe des larmes de tristesse aux éclats de rire. Et tout au long de sa vie elle se tournera, qu'ils soient riches ou démunis, vers tous ceux qui sont malheureux.

Tout cela nous sera dit et répété tout au long de cette semaine que nous passons à l'île d'Yeu, entre le 6 septembre 2010 et le 13 septembre 2010, au moment de l'accompagner vers sa dernière demeure.

Et au long des mois qui suivront nous recevrons des dizaines de lettres témoignant de l'immense générosité de notre fille.

Je reviens sur ce lundi de septembre où notre fils Ludovic, celui qui me succède dans notre exploitation agricole, nous prévient, à dix heures, que sa sœur Dorothée a disparu depuis trois jours de l'île d'Yeu où elle vit une grande partie du temps depuis son retour du Canada il y a quatre ans. Son mari et elle se sont séparés après vingt-deux ans de mariage dont dix années passées au Canada, et elle ne se remet pas de cette situation.

Prenant rapidement le nécessaire pour passer quelques jours loin de la maison, nous sautons dans la voiture, prévoyant de prendre le bateau à Fromentine à six heures et quart. Mais, en arrivant à la hauteur de Sens, à onze heures et quart, nous recevons un appel téléphonique qui nous annonce le décès de notre fille : son corps a été retrouvé dans les rochers. À l'annonce de cette nouvelle, Martine et moi demeurons longuement silencieux, chacun plongé dans ses pensées tandis que nous poursuivons notre route. À Fromentine où nous arrivons deux minutes avant le départ du bateau, nous sommes attendus par notre fille aînée, Florence, qui a déjà pris les billets. Sur l'île, notre petit-fils Thomas, l'aîné de Dorothée, nous annonce que nous pourrons voir sa mère au funérarium une heure plus tard à huit heures et demie du soir. Thomas travaille chaque année dans l'île l'été pendant quatre mois et il fait partie de l'équipe de football locale.

Florence, lui et nous entrons ensemble dans la pièce où repose Dorothée. Thomas explose. Ce n'est que vers minuit, dans son lit, qu'il recevra une onction de paix totale, et c'est lui qui le lendemain consolera ses frères à leur arrivée dans l'île.

Ma femme, ma fille aînée et moi-même trouvons notre Dorothée sereine, rajeunie, toute belle. Elle venait de perdre volontairement quatorze kilos pour être en meilleure santé. Son visage exprime une paix totale.

Pourtant elle a voulu quitter cette vie et l'exprime dans le message qu'elle a laissé aux siens. On l'a retrouvée assise, cachée sous un gros rocher en forme de cœur au lieu-dit « La Belle-Maison ».

Deux mois après sa mort, cette paix intérieure reçue d'elle le premier soir ne nous quitte pas, ne nous a jamais quittés.

En rangeant ses affaires nous avons retrouvé des papiers. Sur l'un d'entre eux était écrit : « Plus que jamais j'ai envie de partir, pas loin, juste derrière la porte à côté car je sais qu'à côté il peut y avoir le bonheur, mais ceux qui n'ont pas connu la dépression profonde ne peuvent pas comprendre ce que je vis » ; et, un peu plus loin : « Je pars en aimant et en étant aimée. »

Le prêtre de l'île d'Yeu, étant en cure sur le continent, n'est pas joignable, et nous décidons donc d'organiser une cérémonie à l'église Saint-Sauveur le vendredi à onze heures avec l'équipe qui s'occupe des obsèques.

Le jeudi soir, nous décidons de recevoir à la maison toutes les personnes présentes à la cérémonie après l'enterrement dans le cimetière de la petite commune de Saint-Sauveur où Dorothée a choisi de reposer. Je me rends donc au Super U pour demander que l'on nous prépare cent portions de différentes sortes de viande et de légumes cuits. On me répond : « Mais Monsieur, il faut commander au moins quatre jours avant ! » Mais lorsque je précise que c'est pour recevoir après l'enterrement de notre fille, j'entends : « Oh, mais vous êtes le père de Dorothée. Oui, monsieur, ce sera prêt demain matin et en abondance. »

Une heure plus tard, quand l'un des enfants de Dorothée va accueillir des amis qui arrivent par le bateau, il a la surprise de voir débarquer le curé de l'île accompagné d'un évêque. Ce dernier est l'oncle de l'une de nos belles-filles, il se trouvait à cent kilomètres de là dans la région et il a été prévenu par sa sœur.

La messe est donc concélébrée par le curé et l'évêque dans une église comble. Martine et moi prenons la parole dès le début de la cérémonie, juste après la responsable de l'équipe de deuil. Ensuite l'un de nos fils parle, notre fille Florence anime tous les chants, et deux des trois enfants de Dorothée interviennent également. À la fin de la messe, nous convions toutes les personnes présentes à venir à la maison après l'enterrement.

Durant toute la semaine, des habitants de l'île et des estivants nous rendront visite les bras chargés de légumes de leur jardin, de gâteaux faits à la maison, et même de pots de confiture. C'est inouï !

En sortant du cimetière, un homme âgé s'approche de moi et me dit : « Je n'ai jamais cru en Dieu de toute ma vie mais, après la messe de ce matin, j'y crois ! » Un autre dira la même chose le soir à l'un de mes enfants.

Les parts du Super U sont vraiment copieuses, car cent quatre-vingts personnes viennent déjeuner avec nous.

Le lendemain matin a lieu un match de foot contre une équipe du continent, et le président invite à une minute de silence pour la mère de Thomas. Et, quand l'équipe de l'île d'Yeu arrive sur le terrain, tous les joueurs portent un brassard noir. Le lundi, quand je rends les deux voitures louées pour la semaine, le jeune garagiste me dit : « Pour Dorothée, c'est gratuit. »

Je pense qu'il devient facile de comprendre l'origine de la grâce de paix qui nous habite, Martine et moi, tout comme les enfants de Dorothée ainsi que ses frères et ses sœurs. Tout ce qui est arrivé nous a confirmé cette paix intérieure que nous avons reçue dès que nous l'avons revue le lundi soir.

Lorsque, le lundi 13 septembre, nous regagnons notre maison dans l'Aube, cent dix lettres nous attendent. Nous commençons, Martine et moi, à y répondre. Nous recevrons plus de quatre cents lettres et messages. Dans chaque lettre que nous écrivons, nous expliquons la raison de la paix qui règne dans nos cœurs, cette paix donnée par Dorothée.

Nous étions déjà profondément touchés par cette grâce quand, soixante-quatorze jours après le départ de Dorothée, le vendredi 19 novembre, alors que mon fils Ludovic et moi déjeunions en tête-à-tête, celui-ci m'a raconté que, durant cette semaine à l'île d'Yeu, il avait ressenti une grande paix et une libération intérieure. Il pensait que c'était Dorothée qui venait lui marquer sa tendresse par sa présence dans la paix qu'il recevait. Ludovic ajouta : « Je sais que pendant ces cinq jours nous avons été au moins deux à percevoir cette grande paix intérieure reçue de Dorothée. » Il ajouta : « Êtes-vous au courant de ce que notre sœur Nathalie a vécu en Alsace au moment probable où le cœur de Dorothée s'est arrêté de battre le dimanche après-midi ? » Comme je lui disais que non, il m'a fait l'extraordinaire récit suivant, récit confirmé par écrit par ma fille à qui j'ai téléphoné pour qu'elle le dise avec ses propres mots. Les voici :

Le dimanche 5 septembre dans l'après-midi je me repose dans un hamac en Alsace. Mon attention est attirée par une sensation de présence : est-ce un chat qui frôle le hamac ? Je passe ma main le long de la toile, à gauche, à droite : rien. La sensation persiste, j'interpelle alors en pensant que c'est peut-être ma fille qui est arrivée derrière moi sans que je l'entende : « Laure, c'est toi ? » Pas de réponse. Je me retourne, il n'y a personne. Cela a duré environ trois minutes. C'est le lendemain matin en apprenant le départ de Dorothée que j'ai fait le lien avec elle. Je lui ai alors dit en pensée : « Petite sœur, je suis touchée par ta visite. Maintenant, va ton chemin ! »

Au téléphone, elle m'a dit également qu'elle n'était pas la seule à qui c'était arrivé. Elle s'était en effet rendue sur le lieu du décès de Dorothée en compagnie d'une grande amie de la famille. Elle lui avait raconté ce qui s'était passé et cette amie lui avait répondu qu'elle aussi avait vécu la même chose le dimanche après-midi alors qu'elle était dans sa cuisine. « J'ai senti une présence derrière moi, et j'ai dit : "Qui est là ?" Comme je n'obtenais pas de réponse, je me suis retournée, je n'ai vu personne et n'y ai pas pensé plus longtemps. Il n'y a que le lendemain soir que je comprendrais en apprenant sa mort. »

Aujourd'hui, je m'explique la paix intérieure reçue le lundi soir en retrouvant son corps. Il exprimait une grande sérénité. Elle était belle, rajeunie. Cela ne venait pas de son corps mais de ce qu'elle était, car elle était désormais « âme et esprit en Dieu ».

J'ai été heureux d'apprendre tout cela car, si nous l'avions su dès le début, j'aurai eu envie de tout raconter dans chacune de nos réponses aux lettres reçues, et nous n'y serions pas parvenus.

Mais l'essentiel est cette paix reçue dès la première seconde, cette paix qui ne nous quitte plus. Et je ne peux, avec mon épouse, que remercier Dieu d'être les parents de cette enfant qui nous a été donnée et qui, j'en suis certain, est aujourd'hui dans la Lumière.

Que sur cette terre nous puissions vivre en permanence avec « Celui » qui habite en chacun de nous, que nous puissions vivre le moment présent, que nous puissions renoncer à chercher l'impossible quand le possible peut être vécu avec « Lui » qui est présent dans chacune de nos cellules, qu'elles soient saines ou cancéreuses, quand nous pouvons être deux à partager la maladie en la vivant avec « Lui ». Quelle joie, quelle paix de pouvoir vivre tout cela à deux ! Merci encore à Toi, Seigneur.

CONCLUSION

Je tiens à remercier ma mère qui, lorsque, à partir de mes onze ans, entre 1943 et 1945, alors que nous descendions dans les caves de notre immeuble boulevard Malesherbes tandis que les avions anglais bombardaient Paris, m'a inculqué la confiance que l'on pouvait recevoir intérieurement de ce Christ qui vit en chaque être humain, au plus profond de lui, réalité que l'on peut expérimenter à chaque instant de sa vie.

La vie devient alors une vie de partage de chaque instant avec Celui qui est en nous, dans chacune de nos cellules, donc également dans nos cellules cancéreuses. j'ose ajouter, puisque je l'ai vécu : jusqu'à ce que toutes nos cellules cancéreuses deviennent un bouquet de Sa présence en nous, puisque l'on peut vivre pleinement son cancer avec Lui. Je le dis parce que je l'ai vécu.

Et s'il est vrai que l'esprit du mal rôde souvent aussi autour de cette manière de vivre, soyez convaincu que le Christ est toujours le plus fort quand on en a le désir.

Je remercie le Christ de nous avoir offert l'« encièlement » de notre fille chérie, je le remercie de ce que ce qui nous a été offert d'une manière inimaginable, je le remercie de ce que cela puisse être partagé avec de nombreuses personnes qui connaissent ou ont connu cette épreuve.

Merci à Toi, Christ vivant en chacun de nous.

Remerciements

Merci à Martine, mon épouse que j'aime. Nous sommes aujourd'hui dans notre cinquante-cinquième année de vie commune, nous avons, comme tout le monde, traversé des moments difficiles et même très difficiles, mais il y a surtout eu beaucoup de moments très heureux. Dès le premier regard que nous avons échangé en février 1956, à cet instant où j'ai eu la certitude que c'était elle pour la vie, nous nous sommes toujours sentis dans la main de Dieu pour vivre tout ce que nous avons reçu.

Merci également à Marie-Noëlle Poron-Tesnier, écrivain biographe, qui a eu la tâche difficile de mettre en forme mes écrits et mes paroles.

Merci aussi à tous ceux que je cite, dont certains restent dans l'anonymat, et qui ont accepté que je raconte les événements de ma vie vécus avec eux et par eux.

Merci enfin à toi, Yves Duteil. Tout ce que tu as écrit dans la préface de ce livre m'a fait rougir de confusion. C'est grâce à toi que je parle de ce que nous vivons de beau avec notre fille Dorothée. Je ne pouvais pas l'écrire au moment où l'essentiel de ce livre a été rédigé car j'ignorais ce que nous avons découvert le 19 novembre 2010 : l'encièlement de notre fille Dorothée. Aujourd'hui, je peux le dire.

Merci à Toi, Dieu Tout-Puissant, notre Père.

TABLE DES MATIÈRES

J'AI TRAVERSÉ LA MALADIE

Première partie
MA MÈRE M'A DONNÉ MARIE

Deuxième partie
LE CHRIST S'EST RÉVÉLÉ À MOI

Troisième partie
JOURNAL
(19 octobre au 18 novembre 1999)
« Vous avez une tumeur au foie ! »

Quatrième partie
MA GUÉRISON INTÉRIEURE

PARTAGER AVEC LE CHRIST

Dans la collection « Épiphanie »

Alberto F. Ambrosio : *Petite mystique du dialogue*
Fabienne Amyot : *Sauvée de l'enfer par l'exorcisme*
Catherine Aubin : *Prier avec le corps, à la manière de saint Dominique*
Hélène et Jean Bastaire : *Le Cantique féminin de la Création*
Gérard Bessière : *Éloge de la prière*
Enzo Bianchi : *Nouveaux styles d'évangélisation*
Antoine Bloom : *Entretiens sur la foi et l'Église*
Catherine Boé : *L'Enjeu du couple*
Jean-René Bouchet : *À mes frères dominicains. Éditoriaux et homélies*
Bernadette Chovelon : *Une alliance plus forte que le mort. Le mariage*
Paul Christophe : *Douze chemins de prière pour le temps de Noël*
Paul Christophe : *Douze chemins de prière pour le temps de Pâques*
Paul Christophe : *Beauté des gestes du chretien*
Pierre Claverie : *Je ne savais pas mon nom... Mémoires d'un religieux anonyme*
Pierre Claverie : *Marie, la vivante. Sept jours de retraite avec Marie*
Pierre Claverie : *Quel bonheur d'être croyant ! Vie religieuse en terre algérienne*
Éric de Clermont-Tonnerre (sous la dir. de) : *Marie de la Trinité. Union à Dieu et filialité. Mystique et épreuve.*
Michel Corbin : *Louange et veille, T. I. Homélies pour le temps de Noël et de l'Épiphanie.*
Michel Corbin : *Louange et veille, T. II. Homélies pour le temps de Pâques.*
Angelika Daiker : *Au-delà des frontières ! Vie et spiritualité de Petite Sœur Magdeleine*
Alain Durand : *Dieu choisit le dernier*
Paul Evdokimov : *La Vie spirituelle dans la ville*
Jacques Fau : *L'acte d'offrande de Thérèse de Lisieux à l'Amour miséricordieux. Méditations*
Jaime García : *L'Amitié de Dieu. Saint Thomas de Villeneuve, maître de spiritualité augustinienne*
Jaime García : *Lire l'évangile de saint Matthieu à la lumière de saint Augustin. T. I. Mt 1 - 7*

Guy Gaucher : *« Tout est grâce ». Retraite avec Georges Bernanos dans la lumière de sainte Thérèse de Lisieux*

Sœur Geneviève : *Le Trésor de la prière à travers le temps*

Pierre Gervaise : *Qui donc est Dieu pour nous aimer ainsi ? La Révélation*

Maxime Gimenez : *La Guérison spirituelle 2. Qui guérit ?*

Maxime Gimenez : *La Guérison spirituelle 3. Où conduit l'expérience de la maladie et de la guérison ?*

Maxime Gimenez : *La Paix. La joie sans mélange d'être en vérité. Les ferments de la violence dans l'âme religieuse*

Jean-Marie Gueullette : *« Ces femmes qui étaient mes sœurs...». Vie du père Lataste, apôtre des prisons (1832-1869).*

Cardinal Jean Honoré : *Les Aphorismes de Newman*

Alain Houziaux : *Paraboles au quotidien*

Alain Houziaux : *Mon silence te parlera*

Michel Hubaut : *Sous la discrète mouvance de l'Esprit. Initiation à la vie intérieure*

Michel Hubaut : *Un Dieu qui parle ! Comme Dieu se révèle-t-il à l'homme ?*

Pierre Hugo : *De grâce, montre-moi ton visage ! Chercheurs et témoins du vrai visage de Dieu*

Sœur Jeanne Marie : *Les Âges dans nos vies. Entretiens avec Arnaud de Coral*

Vincent Jordy : *La Rencontre de Jésus. Un parcours de sainteté en saint Jean*

Cardinal Walter Kasper : *Serviteur de la joie. Vie de prêtre. Service sacerdotal*

Roger Klaine : *Aussitôt après la mort. Recherche biblique*

Edvard Kovac : *Plus haut et plus intime. Essais sur la sagesse et la beauté*

Philippe Lefebvre et Viviane de Montalembert : *Un homme, une femme et Dieu. Pour une théologie biblique de l'identité sexuée*

Damien Le Guay : *Le Couvre-tête de Dieu... Joseph du village de Nazareth*

Bernard McGinn et Patricia Ferris McGinn : *La Transformation en Dieu. Douze grandes figures mystiques*

Jean Mansir : *Naître de l'Esprit. Un itinéraire paradoxal*

Jean Mansir : *Une lumière sur ma route. Petit guide pour conduire sa vie avec l'Évangile*

Paul-Dominique Marcovits : *Petites béatitudes*
Paul-Dominique Marcovits : *Maître, explique-nous ! Question des disciples à Jésus*
Paul-Dominique Marcovits : *Aimer jusqu'à l'extrême. Martyrs pour le Christ*
Paul-Dominique Marcovits : *L'Esprit se joint à notre esprit*
Paul-Dominique Marcovits : *Pardonner... Jusqu'où ?*
Bernard Marliangeas : *L'Eau et l'esprit. Vie spirituelle et liturgie*
Francis Marneffe : *Faites ceci en mémoire de moi. Célébrer et vivre l'Eucharistie*
Gisèle Mathieu-Castellani : *Les Larmes d'Augustin*
Thomas Merton : *L'Expérience intérieure. Notes sur la contemplation*
Un moine de l'Église d'Orient : *L'Offrande liturgique.*
Marcel Neusch : *Saint Augustin*
Jeanne-Marie Pagnoux *: En chemin avec l'aveugle-né. Un regard qui délivre. Une parole qui envoie*
Cécile Paris : *Orphelins d'un enfant*
Tim Peeters : *La Voie spirituelle des Chartreux*
Anne-Marie Pelletier : *Le Signe de la femme*
Rémi Pelon : *Invitation à la contemplation. Vie et choix de textes de Pierre-Thomas Dehau, dominicain*
André Pighiera : *Comme un papillon maladroit... Avec Thérèse de Lisieux au quotidien*
Cécile Rastoin : *Edith Stein (1891-1942). Enquête sur la source*
Bernard Rey : *C'est toi mon Dieu. Le Dieu de Jésus*
Jean-Philippe Rey : *Bernadette et la Dame du Rocher. L'insolite rencontre*
Didier Rimaud : *Anges et grillons. Chants et poèmes I*
Didier Rimaud : *À force de colombe. Chants et poèmes II*
Didier Rimaud : *À l'enseigne de Pâque. Chants et poèmes III*
Marie de Saint-Jean : *Carnet de nuit*
Rémi Schappacher et Deborah Kendrick : *Le Ciel a visité la terre*
Anne Soupa : *Pâques, art du passage*
Pierre Talec : *Chemin de croix. Méditations en compagnie de Marie*
Jean-Pierre Torrell : *Inutile sainteté ? L'homme dans le miroir de Dieu*
Jean-Pierre Torrell : *La Parole et la voix. Méditations. De l'Avent à la Pentecôte*

Jean-Pierre Torrell : *La Splendeur des Saints. Dieu et le Christ dans le chœur des bienheureux. Méditations*

Jean-Pierre Torrell : *Saint Thomas d'Aquin. L'homme et son œuvre*

Jean-Pierre Torrell : *Résurrection de Jésus et résurrection des morts. Foi, histoire et théologie*

Guy Touton : *Qu'êtes-vous allés voir au tombeau ? Méditations pour le samedi saint*

Denis Trinez : *L'École de la fragilité*

Marie-Anne Vannier : *De la Résurrection à la naissance de Dieu dans l'âme. Retraite avec Maître Eckhart*

Mihaela Vasiliu : *Une lumière dans les ténèbres. Mgr Vladimir Ghika*

Maurice Zundel : *Fidélité de Dieu et grandeur de l'homme. Retraite à Timadeuc*

Composition : Arts Graphiques Drouais (28100 Dreux)
N° d'édition : 15866
N° d'impression : 99159
Achevé d'imprimer en juillet 2013
par Corlet Numérique - 14110 Condé-sur-Noireau
Dépôt légal : août 2013
Imprimé en France